Calligraphie

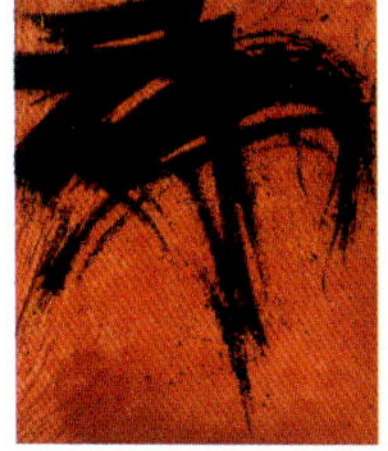

Claude Mediavilla

Flammarion

S O M M

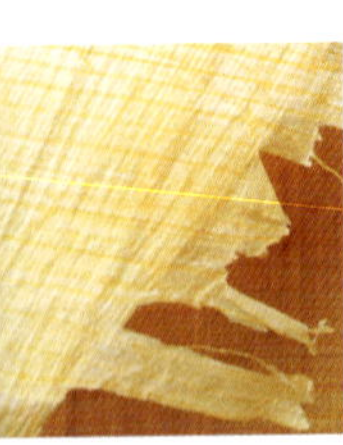

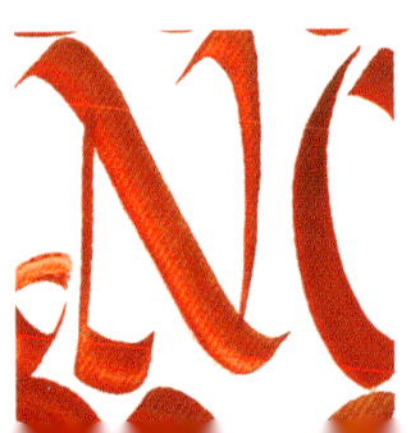

L'abécédaire

Il se compose des notices suivantes, classées par ordre alphabétique.
À chacune d'elles est associée une couleur qui indique sa nature :

Outils et matériaux de la calligraphie

Bambou
Calame
Cinabre
Encre
Gomme arabique
Minium
Noix de galle
Orpiment
Papier
Papyrus
Parchemin
Pigments
Plume
Pumex
Réservoir
Style
Sulfate de fer
Vélin

Histoire de la calligraphie

Anglaise
Antiphonaire
Arrighi, Ludovico degli
Barbedor, Louis
Bâtarde
Bréviaire
Cancellaresca
Capitale
Caroline
Codex
Coulée
Cursive
Épigraphie
Évangéliaire
Fraktur
Gothiques
Hamon, Pierre
Humanistique
Koch, Rudolf
Livre d'heures
Manuscrit
Materot, Lucas
Maurdramnus
Missel
Onciale
Paillasson, Charles
Palatino, Giovambattista
Paléographie
Pétrarque
Poppl, Friedrich
Psautier
Quadrata
Roelands, David
Ronde
Rotunda
Rubricator
Rustica
Sacramentaire
Scribe
Scriptorium
Semi-onciale
Strick, Maria
Van den Velde, Jan
Wisigothique
Yciar, Juan de
Zapf, Hermann

Formes et sens de la calligraphie

Abstrait
Alphabet
Arabesque
Bec de plume
Délié
Ductus
Empattement
Forme
Hampe
Haste
Lettrine
Ligature
Miniature
Passes
Pied-de-mouche
Plein
Puncturation
Réglure
Rinceau
Rythme
Tension (Spannung)
Tourneure

Au fil de ces notices, et grâce aux renvois signalés par les astérisques,
le lecteur voyage comme il lui plaît dans l'abécédaire.

Un
est une des ra
de bon

Livre

es promesses

neur

· JORGE-LUIS BORGES ·

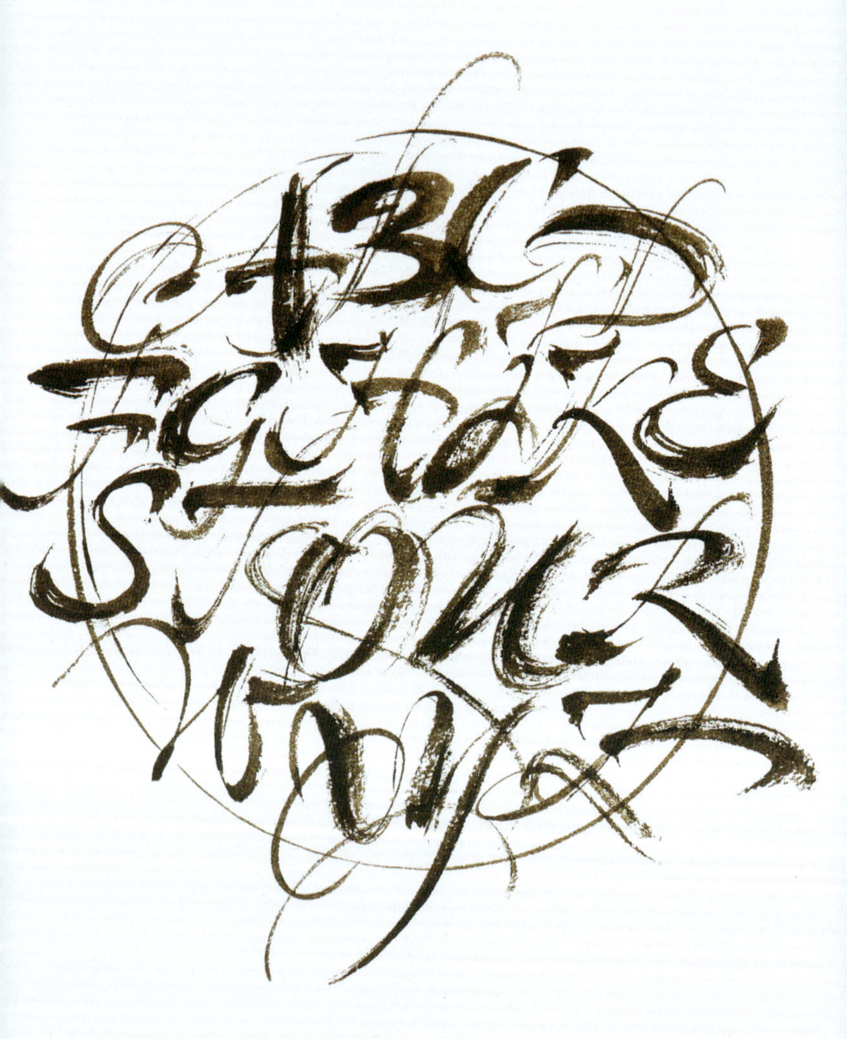

L'art calligraphique est animé par un génie qui nous fascine et semble tout à la fois défier notre compréhension.
Pour aborder un domaine artistique qui apparaît aussi insaisissable, quelques notions préliminaires s'avèrent en effet indispensables, d'autant que la définition du dictionnaire ne nous éclaire que partiellement sur la discipline. « Calligraphie : art de bien tracer les caractères de l'écriture ». Une telle définition se montre incomplète et un tant soit peu réductrice. Elle implique, à vrai dire, des sous-entendus qu'il est nécessaire d'éclaircir.

C. Mediavilla, 1995. Composition calligraphique. Interprétation moderne de l'écriture de chancellerie.

I. Qu'est-ce que la calligraphie ?

En premier lieu, il convient de préciser que l'écriture, tout comme la belle écriture, n'est pas la calligraphie. Si la première n'a de sens qu'à travers la lisibilité, la seconde, en revanche, se satisfait pleinement du silence, tant il est vrai que son enjeu est avant tout d'ordre formel et artistique. Wang Xizhi, le plus vénéré des maîtres chinois, déclare ainsi : « L'écriture a besoin de sens, tandis que la calligraphie s'exprime surtout à travers la forme et le geste ; elle élève l'âme et illumine les sentiments. » L'étymologie, quant à elle, ne nous instruit que pour mieux limiter notre champ de vision : le terme calligraphie est issu des mots grecs *kállos* (beauté) et *graphein* (écrire), ce qui correspond en français à « belle écriture ». De fait, cette expression ne rend pas justice au terme grec *kállos,* dont le contenu sémantique fait référence à la qualité artistique d'une œuvre à son degré maximum d'expression et de puissance plastique. Nous sommes ici loin du sens du terme « beauté », avec sa connotation proche de joliesse et d'exquise frivolité. Dans cet ordre d'idée, « belle écriture » est à la limite du contresens, et l'on pourrait arguer qu'il existe autant de différence entre « beauté » et « kállos » qu'il en existe entre beau et sublime.
Au Japon, ne dit-on pas *shódo* pour désigner la calligraphie, ce qui se traduit par « la voie du trait », sous-entendu celle par laquelle on parvient à la sagesse ! Ainsi, une simple imprécision de la définition suffit à engager la discipline dans une voie erronée.

C. Mediavilla, 1992. Choix de lettres brossées au pinceau chinois. Encre sur papier Kozo, 49 x 65 cm.

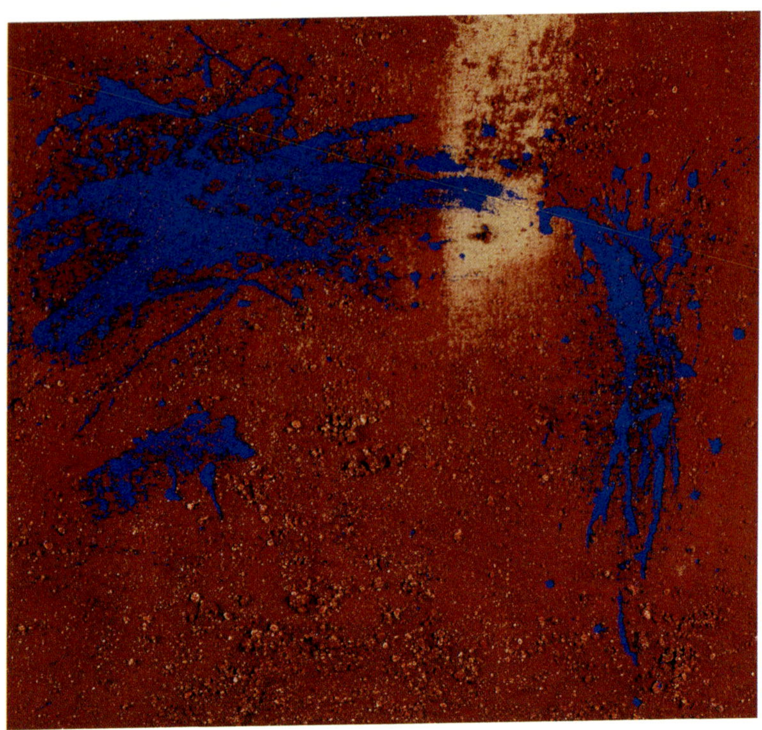

C. Mediavilla, 1995. Peinture sur toile, technique mixte, sienne brûlée, bleu et pigments purs.

Pour notre part, et dans un esprit de spéculation, nous avons voulu retenir cette définition : « La calligraphie est l'art de former les signes d'une manière expressive, harmonieuse et savante. » Les signes auxquels il est fait allusion ici sont l'ensemble des signes, y compris ceux n'appartenant pas à l'alphabet*. Ils sont tracés avec expression et harmonie, et avec subtilité lorsqu'il s'agit des proportions. Cependant, si la géométrie peut produire des signes cohérents et lisibles, seul l'art leur donne la beauté. L'art commence où s'achève la géométrie, et confère aux signes un caractère qui transcende la simple mesure.

Ce qui caractérise la calligraphie dans son essence tient en certaines notions spécifiques comme l'harmonie des proportions, la richesse des formes*, la présence du rythme* et du contraste (voir Tension). On pourrait ajouter à ces paramètres la spontanéité et l'expressivité. Ôtez à l'œuvre ces précieux éléments, et il ne s'agira plus que d'une écriture banale ou d'une composition insipide. Calligraphier tire son intérêt non pas de ce qui est écrit, mais de la manière de l'écrire. Car le signe calligraphique se garde parfois de transmettre un sens : il est lui-même le sens. En résumé, nous pouvons adopter cet excellent aphorisme : « La calligraphie est aux formes abstraites ce que le dessin est aux formes figuratives. »

C. Mediavilla, 1995. Extrait du poème *Le Nu perdu* de René Char. Aquarelle bleue sur papier Lana, 76 x 56 cm.

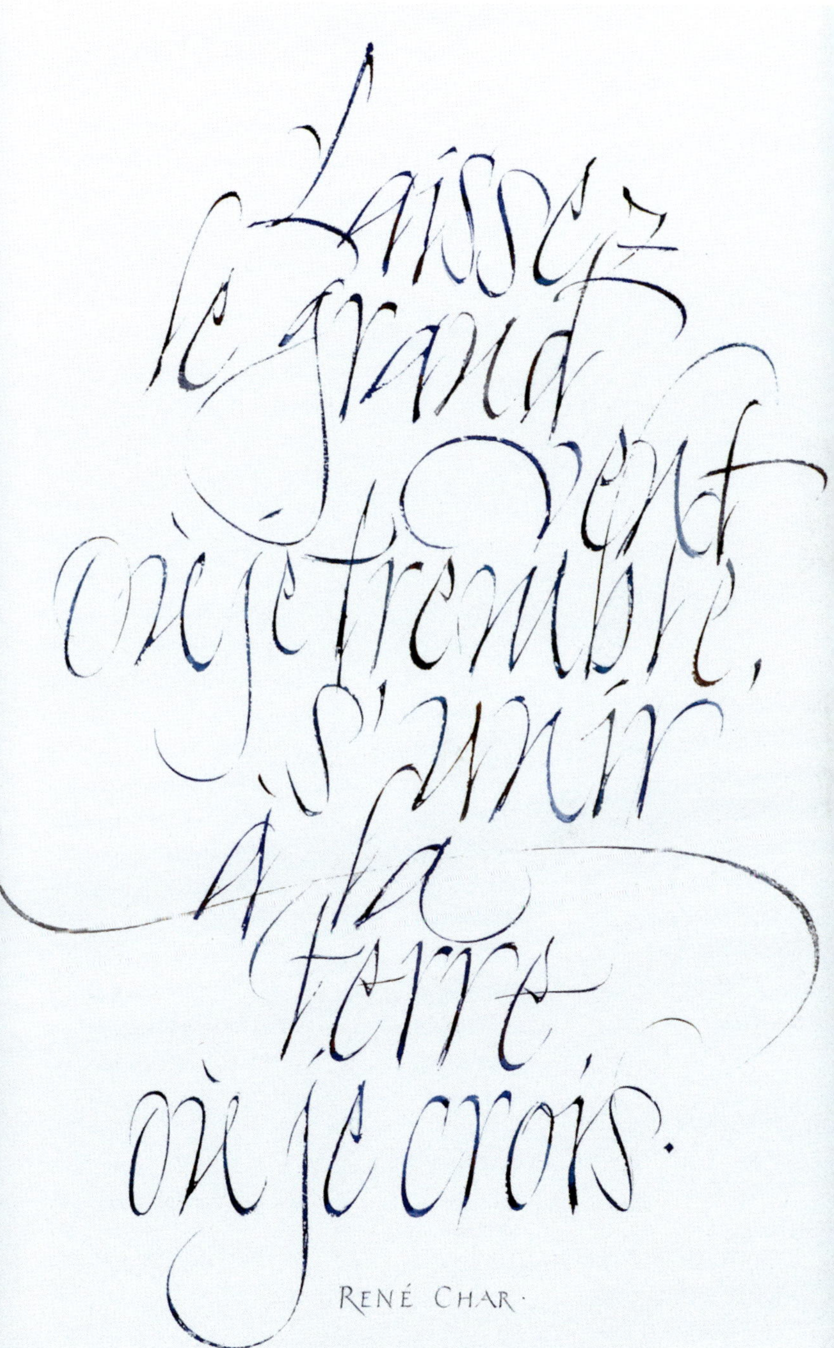
Laissez
le grand
vent
où je tremble,
s'unir
à la
terre
où je crois.
RENÉ CHAR.

II. Une histoire de la calligraphie

A. Les origines de la calligraphie

Dès la naissance de la communication écrite, les hommes ont ressenti le besoin d'élaborer un « art du beau tracé », instrument capable de sublimer leurs prières auprès de la divinité. En témoignent les stèles et les papyrus exécutés avec grâce et virtuosité par nos ancêtres. Pourtant, le passage de la simple écriture à la calligraphie proprement dite aura été un processus laborieux en même temps que fascinant.

Gravure sur bois illustrant la tenue de la plume, d'après l'ouvrage de S. Fanti, *Theorica et pratica de modo scribendi,* 1514.

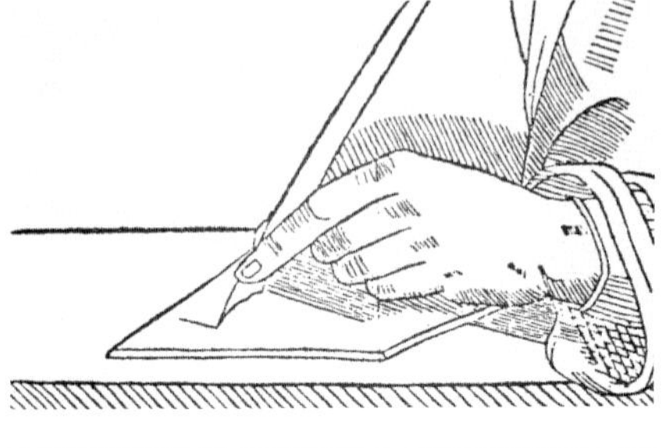

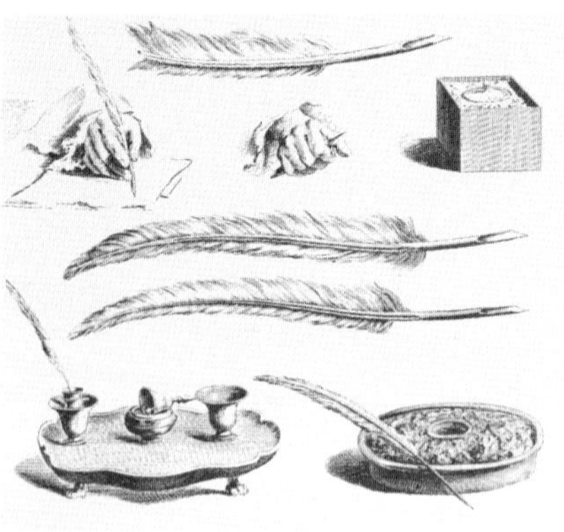

Plumes taillées et encriers. Gravure extraite de la *Grande Encyclopédie* (1747-1766).

Si l'on s'interroge sur l'antériorité des écritures sumérienne et égyptienne, personne ne saurait aujourd'hui préciser de quelle interaction chacune vis-à-vis de l'autre aurait pu relever. C'est à Sumer entre 4000 et 3500 avant notre ère que nous notons la présence d'une civilisation, dite d'El-Obeid, où se développent l'urbanisme et l'architecture religieuse. Or, la consolidation de cette vie urbaine n'était concevable que grâce à l'apport d'un système d'écriture. La mise au point de ce système, progrès majeur de la civilisation, se situe vers 3300 avant J.-C., à Uruk (aujourd'hui Warka). Cette écriture semi-pictographique, qui se présente sous la forme de tablettes d'argile, constitue le premier spécimen d'écriture connue. Mais ce système pictographique fera bientôt place à une graphie cunéiforme, c'est-à-dire tracée avec des éléments en forme de coins (du latin *cuneus*).

Sumer, matrice originelle de notre écriture, nous fera don du premier récit littéraire : *L'Épopée de Gilgamesh,* ou la quête de l'immortalité par l'homme. Ce souffle épique ne devait renaître que vingt siècles plus tard, avec Homère.

Comme Sumer, l'Égypte des pharaons nous a légué l'un des plus importants et des plus émouvants témoignages de l'ancien monde, un témoignage d'autant plus original qu'il ne fut jamais poursuivi.

Dés le début, l'écriture hiéroglyphique s'est présentée sous sa forme complète. Avec leur magie et leur mystère, les hiéroglyphes, d'essence calligraphique, ont traversé l'histoire durant plus de trente siècles : de 3000 avant J.-C. à leur disparition, vers l'an 300 de notre ère. Cependant, l'Égypte ne connut pas qu'une seule écriture. Une version plus libre des hiéroglyphes vit le jour dès la première dynastie. Appelée hiératique (du grec *hiératikos,* sacré), cette écriture sur papyrus* devint l'écriture des prêtres. Au début du Ier millénaire, une troisième graphie fut créée : l'écriture démotique (du grec *dèmos,* le peuple). L'Égypte, « vraie mère des hommes », avec ses trois écritures, aurait pu transgresser le stade du symbolisme pour atteindre au système alphabétique, mais il appartiendra à d'autres de poursuivre ce but et de renouveler l'écriture. Le hiéroglyphe, pierre angulaire du monde de l'ancienne Égypte, où le signe calligraphié était à ce point vénéré que même les illettrés n'osaient affronter l'au-delà sans une inscription sacrée, choisira de s'éteindre avec ses dieux et son besoin d'éternité.

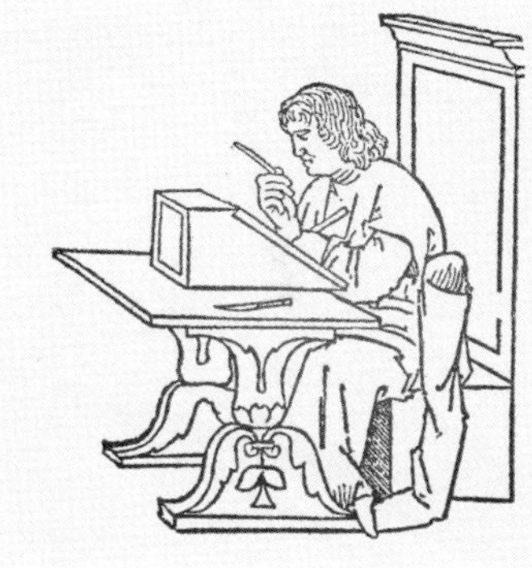

Copiste travaillant à son pupitre. Bois gravé extrait de l'ouvrage de F. Colonna, *Hypnerotomachia poliphili,* 1499.

Dès le début du IIe millénaire avant notre ère, le principe de l'alphabet que nous utilisons aujourd'hui a vu le jour en Syrie. À la suite de nombreuses découvertes archéologiques, on a été en mesure de mettre en évidence plusieurs écritures, dont certaines annoncent l'alphabet phénicien, dit de Byblos. Découvert dans les années vingt, le sarcophage de pierre d'Ahiram porte une inscription linéaire datant de 1200 avant J.-C. C'est sans doute l'une des inscriptions alphabétiques les plus anciennes parvenues jusqu'à nous. Au temps d'Ahiram, roi de Byblos, le commerce phénicien était en plein essor. À chaque voyage, les marchands cananéens exportaient leur alphabet autour de la Méditerranée, de Tyr jusqu'à l'Espagne, de Chypre jusqu'à Carthage. En Orient, l'alphabet phénicien donna naissance à l'araméen, qui légua lui-même ses éléments aux alphabets persan, hébreu et arabe. En Occident, le système phénicien allait servir de modèle à l'alphabet grec, inspirant à son tour l'étrusque, puis le latin.

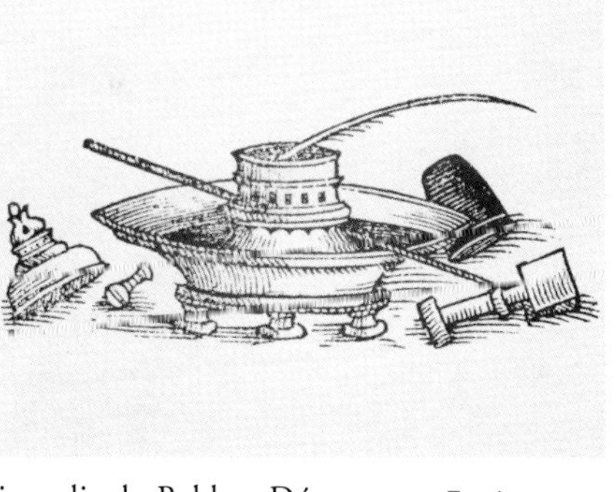

Encriers et matériaux destinés à la calligraphie. Illustration extraite de l'ouvrage de Palatino, *Libro Nuovo d'Emparare a Scrivere,* 1540.

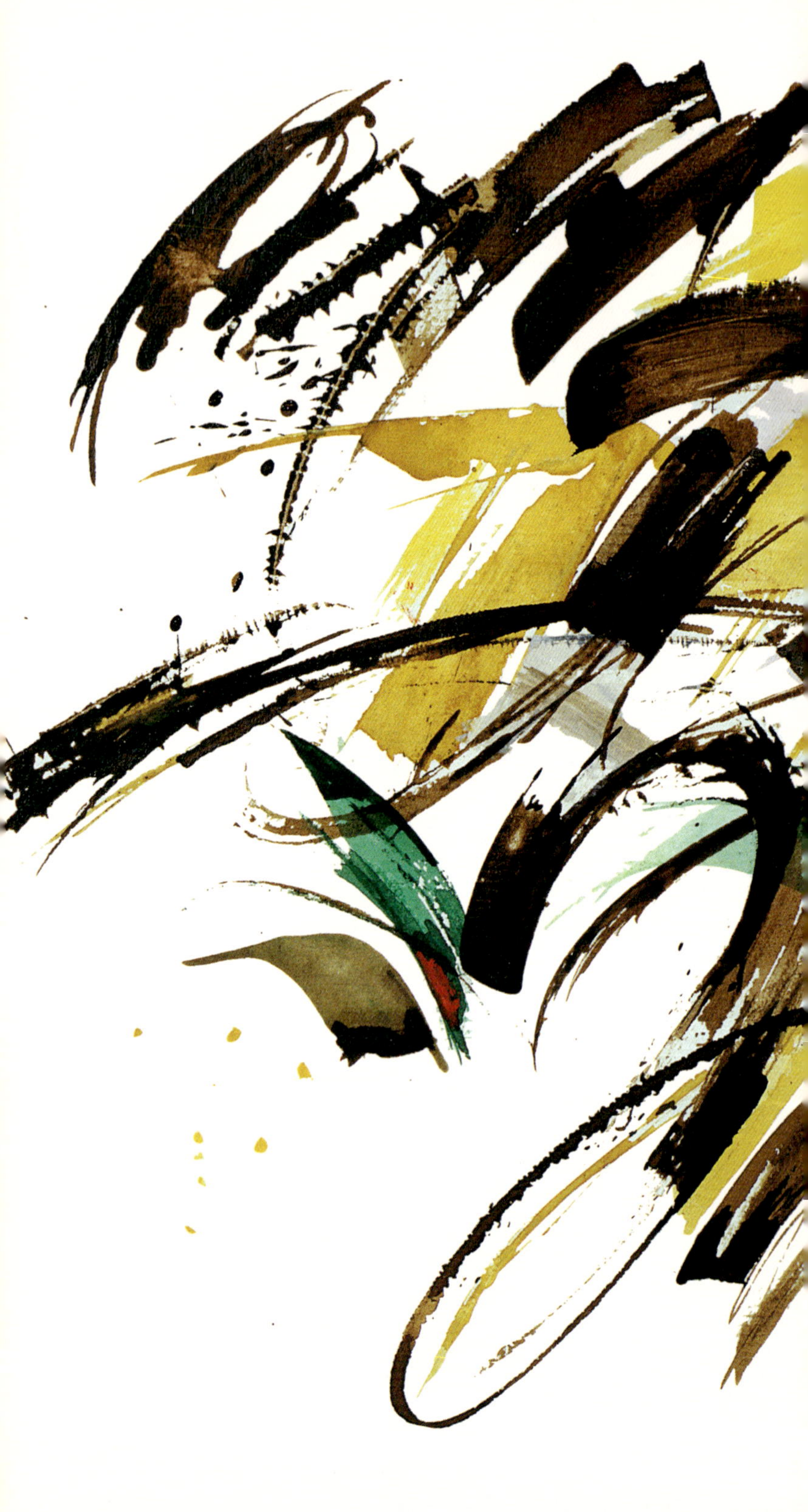

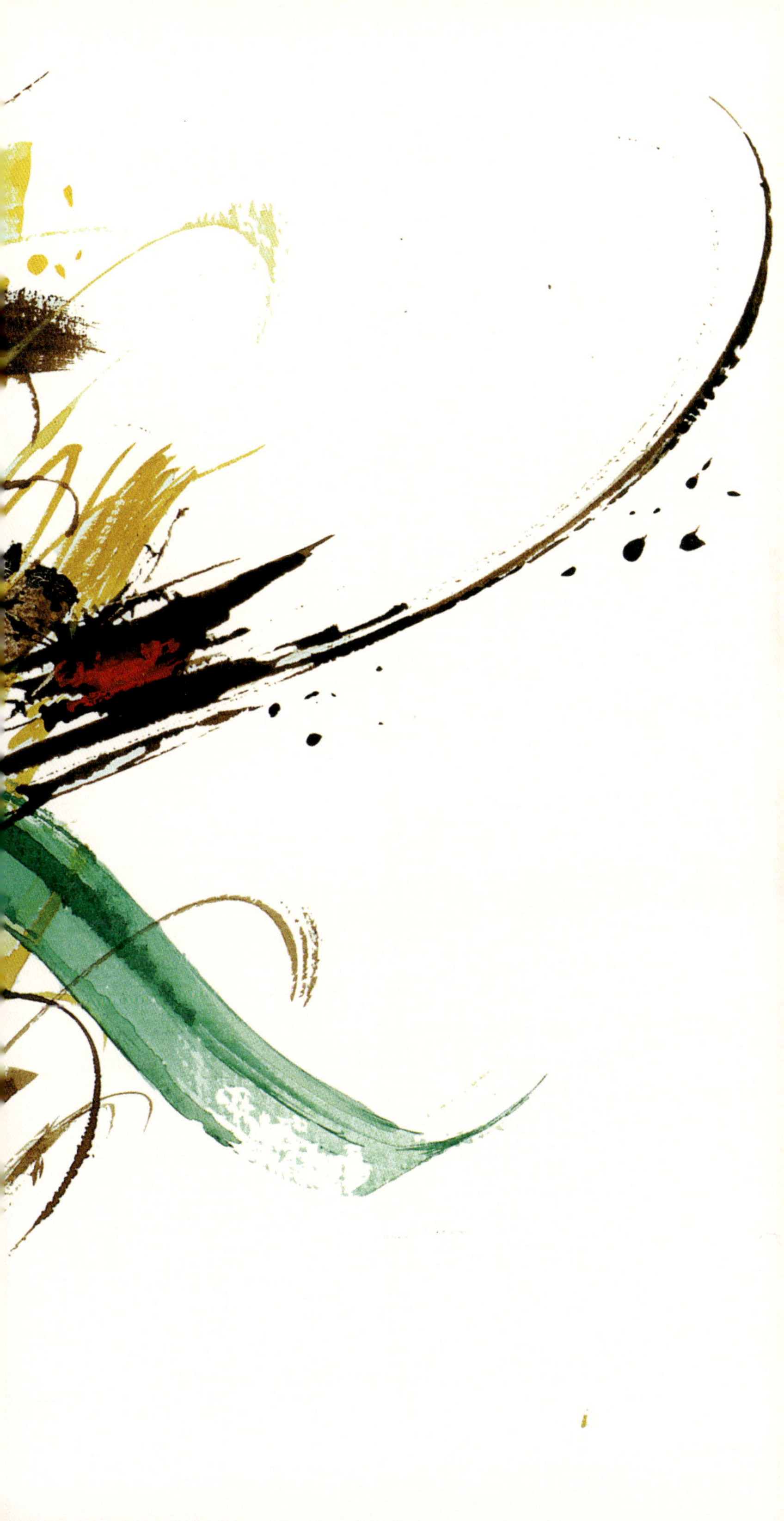

L'alphabet grec représente la matrice de toutes les écritures occidentales, du latin au cyrillique. Intermédiaire privilégié entre l'alphabet sémitique et l'alphabet latin, le grec a été le fil conducteur historique de ces deux univers culturels.
Ce sont aussi les Grecs qui eurent le mérite de consigner de façon rigoureuse et intégrale les voyelles. La coupe du Dipylon d'Athènes, qui porte la plus ancienne inscription grecque répertoriée, est datée de la première moitié du VIIIe siècle avant J.-C. On pourrait ainsi conclure à un emprunt grec datant du début du Ier millénaire. Très tôt, nous sommes en présence de plusieurs alphabets régionaux : grec archaïque, grec oriental et grec occidental, correspondant chacun à une zone d'influence. Nous devons surtout retenir que notre alphabet est issu du grec occidental. Quant à l'unification de ces systèmes d'écriture, elle ne s'est effectuée que tardivement, grâce à l'adoption par Athènes, en 403 avant J.-C., de l'alphabet dit ionien.
Malgré les riches témoignages dont nous disposons sur la culture étrusque, sa langue et son écriture préservent toujours leur mystère. Il ne fait pas de doute, cependant, que la langue étrusque, d'origine non indo-européenne, possédait à la fois les vingt-deux lettres de l'alphabet phénicien et les quatre voyelles grecques. L'alphabet étrusque le plus ancien et, par conséquent, le plus significatif a été mis au jour dans une tombe à Marsiliana d'Albegna. Daté de 700 avant J.-C., il est composé de vingt-six lettres, et marque bien sa filiation avec le grec.
Les Étrusques ont beaucoup légué aux Romains : construction de ponts, divination des haruspices, religion, arts sont autant des richesses de l'héritage étrusque.
Lorsque la *Lex julia* concéda au peuple d'Étrurie la citoyenneté romaine (87), une civilisation étrusco-romaine vit le jour.
Il semble aujourd'hui indubitable que c'est par le canal étrusque que Rome a reçu des Grecs son alphabet. Avant que ce dernier devienne classique et soit imposé à toute l'Italie, il existait dans la péninsule italique de nombreux alphabets locaux, servant à noter un dialecte différent (falisque, vénète, ombrien, osque et latin). Parmi ces alphabets, le latin joue un rôle des plus importants. La pierre noire du Forum constitue un des plus anciens vestiges qui nous soit parvenus ; elle date de 600 avant J.-C. Cet alphabet latin « archaïque » va prendre son orientation définitive de la gauche vers la droite autour du Ve siècle et se fixe, avec ses vingt-trois signes, au Ier siècle avant notre ère.

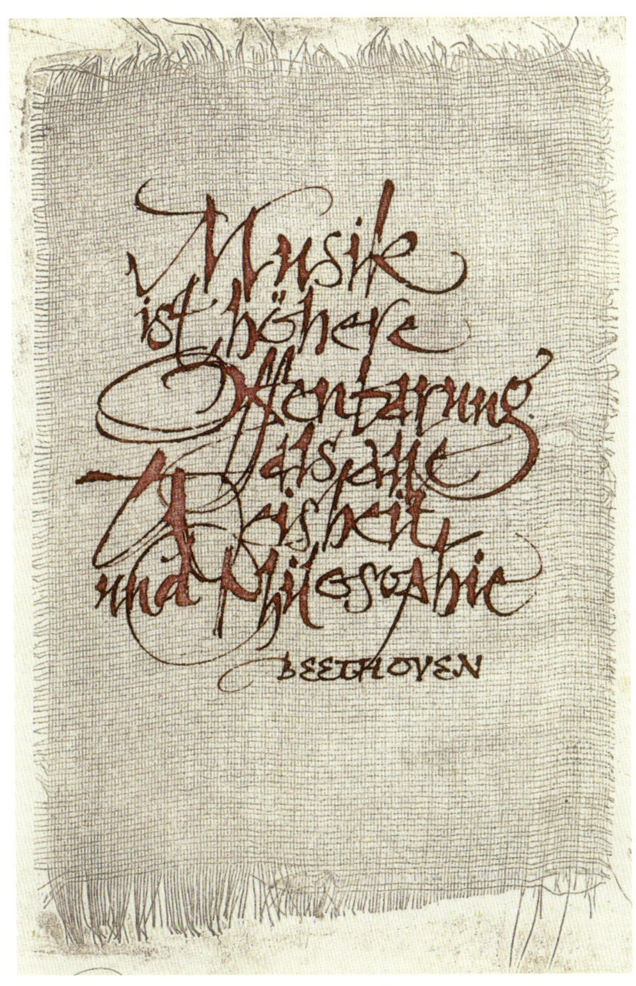

J. Veljovic, 1982. Calligraphie d'après une citation de Beethoven. Gravure en taille douce mise en couleur.

B. La calligraphie latine, de la capitale à la gothique

Avec l'alphabet latin classique, fondement de la culture graphique occidentale, se termine la phase constitutive de l'écriture. S'imposant à une grande partie du monde par les conquêtes de Rome, cet alphabet est actuellement le nôtre. Les quelques variations qu'il subira ne vont relever que de son évolution graphique.

La *capitalis monumentalis* (IIe siècle avant J.-C., Ier siècle après J.-C.) inspirera les nobles proportions des styles calligraphiques successifs. Elle constitue la forme originelle de la lettre latine.

Héritière directe de la capitale*, la *rustica**(du Ier au Ve siècle) est l'une des plus vénérables écritures romaines. Graphie d'apparence étroite, aux empattements souples, la rustica semble le fruit d'un traitement

Double page précédente : C. Mediavilla, 2000. Composition calligraphique abstraite calligraphiée au calame. Aquarelle sur papier Fabriano.

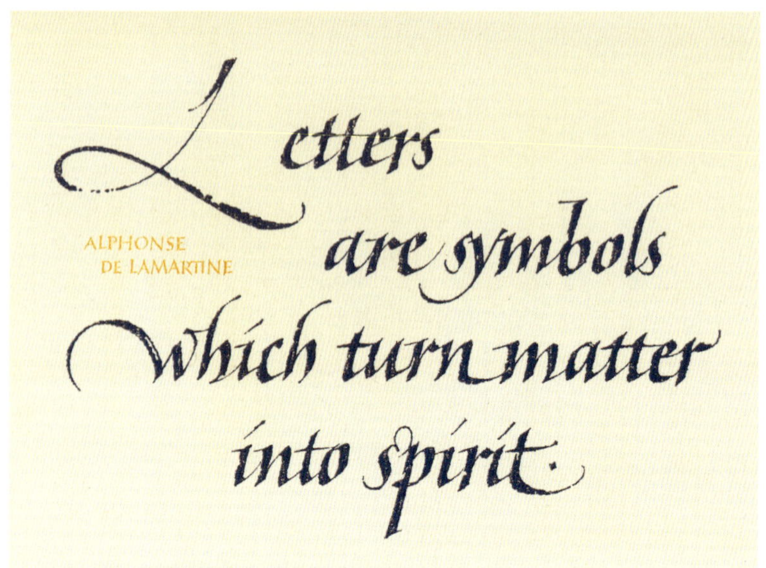

J. Veljovic, 1982. Aphorisme d'Alphonse de Lamartine.

cursif de la capitale monumentale. On peut l'admirer sur les murs de Pompei, calligraphiée artistiquement à l'ocre rouge, ou occupant avec bonheur les pages d'un livre de luxe. La rustica va, en outre, engendrer les écritures mixtes, et indirectement inventer le tracé de la minuscule*.

À l'image de la *quadrata** du IVe siècle, l'onciale* s'est éclipsée sans réelle postérité. Pourtant, son rôle fut également décisif. Dès la fin du IVe siècle, elle devint la graphie de prédilection des ouvrages luxueux et des textes sacrés, la calligraphie des manuscrits de la période romane. Mis à part l'onciale romaine du IVe siècle, on peut distinguer l'onciale classique, du Ve au VIIe siècle, et l'onciale tardive, qui perdure jusqu'au IXe siècle. L'onciale n'est pas la seule résultante des écritures latines, la semi-onciale* en constitue un autre prolongement.

Cette richesse graphique a sans doute fortement influencé l'esprit carolingien, qui aspirait ardemment à retourner aux sources de l'Antiquité.

L'écriture caroline* a, par ailleurs, beaucoup emprunté à la cursive romaine récente, mais pour l'essentiel est issue de la semi-onciale. La première trace d'une caroline à proprement parler provient du scriptorium* de Corbie. On la trouve, en effet, dans la bible de l'abbé Maurdramnus* (mort en 778), manuscrit aujourd'hui conservé à la bibliothèque municipale d'Amiens. L'essor de la caroline doit être appréhendé comme le résultat d'un mouvement culturel suscité par le labeur de nombreux scriptoria.

Dans cette perspective, les plus éclatantes réussites calligraphiques doivent être mises au crédit du scriptorium de Saint-Martin de Tours. C'est en effet sous l'abbatiat d'Alcuin (796-804) que le type caroline s'y est épanoui et imposé, tandis qu'il atteint son apogée et sa forme classique sous celui de l'abbé Frédégise (806-834).

Vers la fin du XIe siècle, l'écriture caroline semble en proie à des altérations qui, insensiblement, vont la modifier. Du stade de caroline tardive, elle se mue en gothique primitive, pour aboutir enfin à la forme gothique*. Selon toute vraisemblance, l'effort décisif conduisant au type gothique provient de la France du Nord, et plus spécialement du royaume anglo-normand. Une charte en faveur de l'abbaye Saint-Étienne de Caen calligraphiée vers 1075 constitue en l'occurrence un des plus anciens spécimens de gothique primitive. Les écritures gothiques, dont les formes se sont substituées à la caroline, demeurent difficiles à classifier. Globalement, il convient de distinguer les gothiques de forme et les gothiques de somme. Le premier groupe comprend la gothique primitive, la *textura** et la gothique *fraktur**. Le deuxième se divise en gothique *rotunda**, gothique cursive*, bâtarde*, lettre de civilité. C'est sur les pages des livres que l'on peut trouver les exemples les plus parfaits de gothiques et les compositions graphiques les plus admirables.

Le phénomène gothique a perduré jusqu'à la Renaissance, cédant progressivement la place aux nouvelles formes humanistes.

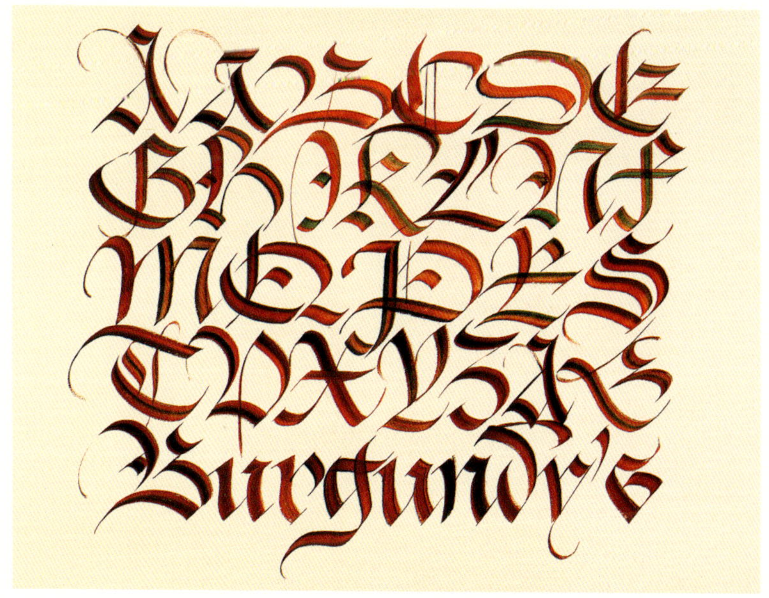

C. Mediavilla, 1996. Composition en bâtarde gothique (XVe s.) Aquarelle et pinceau sur papier Vergé, 50 x 70 cm.

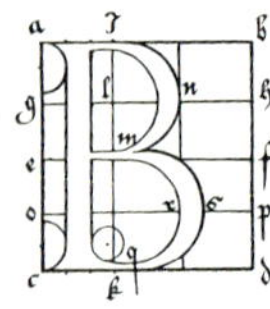

A. Dürer, «B», gravure sur bois extraite de *Underweysung der Messung.* Nuremberg, 1525.

C. De la *cancellaresca* à l'anglaise

Au cours du long et fécond processus de l'évolution calligraphique, la Renaissance se présente à coup sûr comme une époque charnière. Cette période initie un vaste mouvement culturel qui tente de rompre peu à peu avec les valeurs médiévales liées à la féodalité.

Au début du XVe siècle, certains érudits inspirés par les manuscrits carolingiens tentent de produire les premiers spécimens d'écriture humanistique. Mais c'est le notaire florentin Poggio Bracciolini (1380-1459) qui mit réellement au point cette écriture dite *lettera antica formata.* Il fallut une dizaine d'années pour qu'elle s'impose comme modèle calligraphique destiné aux livres de luxe. Le traitement cursif de cette dernière écriture va aboutir à la création de l'humanistique cursive et, plus tard, de la *cancellaresca**.

Dès cette époque, un besoin impérieux de diffuser la culture se fait sentir. Le calligraphe Ludovico degli Arrighi est un des premiers à publier un ouvrage sur le thème de la *cancellaresca corsiva* (1522). Tout au long du XVIe siècle, de nombreux autres maîtres suivront son exemple en éditant des traités de calligraphie.

Lorsque la riche période du renouveau calligraphique s'achève en Italie avec l'œuvre de Cresci, des mouvements parallèles se font jour en Espagne et aux Pays-Bas. Prolongeant l'effort italien, des maîtres espagnols comme Juan de Ycíar, Francisco Lucas ou Joseph de Casanova ont su adapter avec éclat un héritage potentiellement riche de création.

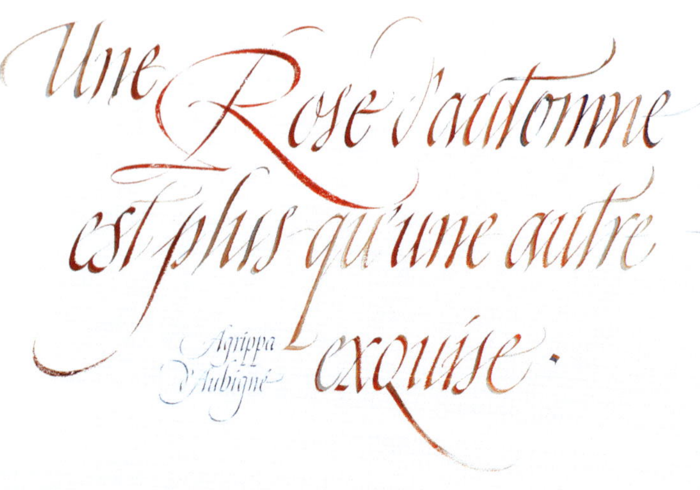

C. Mediavilla, 1995. Extrait des *Tragiques* d'A. d'Aubigné. Pinceau et aquarelle sur papier Lana, 76 x 56 cm.

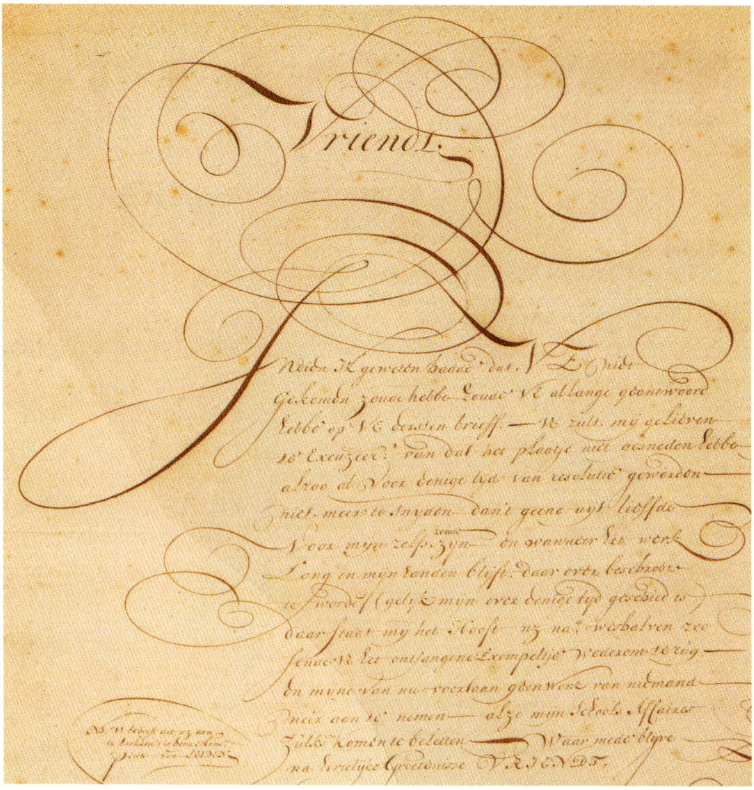

A. Perlingh, 1680. Fragment de lettre, cursive de transition proche de l'anglaise.

Les maîtres calligraphes néerlandais, quant à eux, nous ont laissé une quarantaine d'ouvrages où ils mettent en évidence leur indéniable talent, à tel point qu'il nous est permis aujourd'hui de parler de siècle d'or de la calligraphie néerlandaise.

Parallèlement à l'évolution calligraphique des Pays-Bas, la France a donné le jour à trois écritures : la ronde, la bâtarde et la coulée. Ces styles calligraphiques, utilisés durant les XVIIIe et XIXe siècles, vont progressivement se substituer aux cursives gothiques et gagner leurs lettres de noblesses sous l'influence de grands maîtres calligraphes français, tels Barbedor, Materot, Rossignol ou Paillasson.

À son tour, l'Angleterre devait jouer un rôle de premier plan dans l'histoire de la calligraphie. En adaptant à leur génie la bâtarde italienne, les calligraphes britanniques vont créer l'anglaise, autour des années 1710.

Au terme du XVIIIe siècle, l'anglaise se répand dans toute l'Europe, créant une mode calligraphique qui a perduré jusqu'au XXe siècle. Écrit, gravé ou dessiné, ce style calligraphique bénéficie d'un prestige considérable, probablement associé à l'idée de qualité et d'élégance.

G. Tory, «O», gravure sur bois extraite de *Champ Fleury*, Paris, 1529.

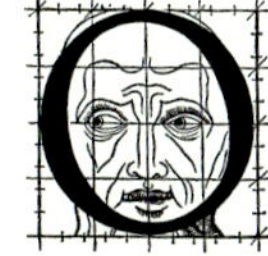

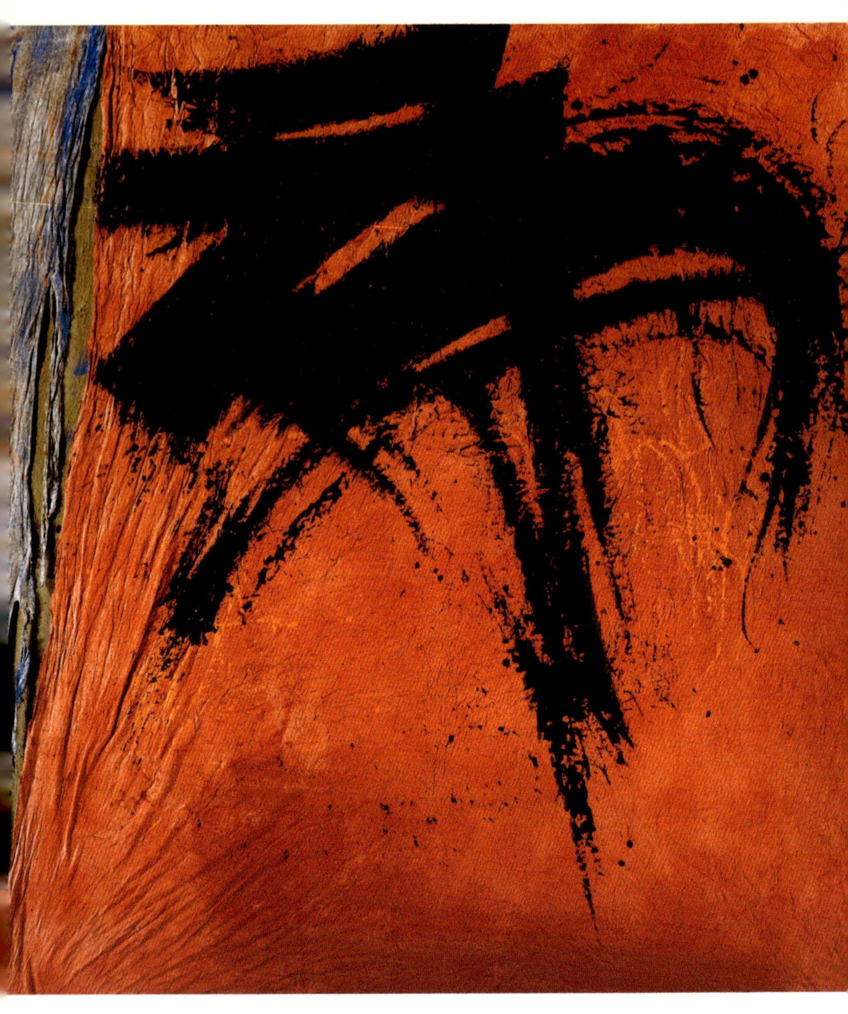

C. Mediavilla, 1996. Peinture, technique mixte. Coton marouflé sur toile et pigments naturels, 150 x 150 cm.

D. Le renouveau de la calligraphie

L'état de la discipline calligraphique à la fin du XIXe siècle était assez alarmant. Il n'existait pas d'enseignement efficace et les connaissances artistiques demeuraient très approximatives. Un mouvement de révolution ou, tout au moins, de remise en question se dessine en Angleterre, notamment sous l'impulsion de personnalités comme William Morris (1834-1896) et Edward Johnston (1872-1944). C'est ce que l'on appelle le « renouveau de la calligraphie ». Edward Johnston est considéré à juste titre comme l'un des pionniers de ce renouveau. Nommé professeur à la Central School of Arts and Crafts, il publie en 1906 son célèbre traité *Writing and Illuminating and Lettering*. De cet enseignement fécond vont naître de nombreuses vocations et des artistes brillants qui s'illustreront en Europe et outre-Atlantique. Parallèlement au renouveau issu d'Angleterre, un autre sursaut voit le jour dans les pays de l'aire germanique et se

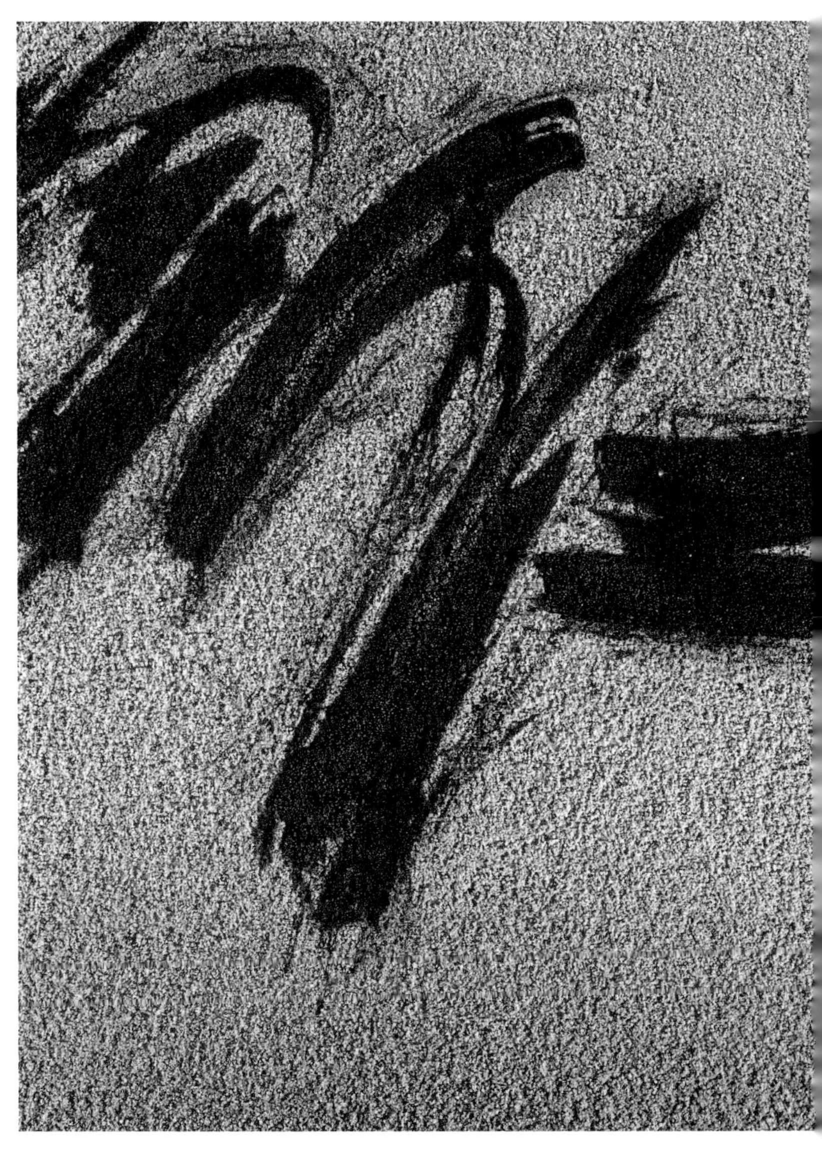

C. Mediavilla, 1994. Peinture, noir sur sable de la Loire, 114 x 146 cm.

manifeste par les travaux de son instigateur, Rudolf von Larisch (1856-1934). Professeur à l'École des beaux-arts de Vienne, il multiplie les articles et les conférences afin d'éveiller l'intérêt du public. Un des maîtres mots de son enseignement consiste à jouer sur la diversité des supports et des instruments, particularité toujours en vigueur dans la calligraphie allemande.

À partir des années soixante-dix, une grande émulation se fait jour en Europe et, surtout aux États-Unis. Les calligraphes tentent d'innover au niveau des couleurs et des supports. On essaie parallèlement de travailler sur la matière en privilégiant le message plastique et en faisant abstraction de la lisibilité. Les expositions et les symposiums se

C. Mediavilla, 1995. Peinture, technique mixte. Terre d'Italie et de Roussillon sur toile, 97 x 146 cm.

multiplient, et une multitude d'associations de calligraphes, notamment américaines, sont fondées. Cet engouement exceptionnel a été baptisé « deuxième renouveau calligraphique ».

Ce mouvement s'avère très important dans la mesure où il a eu le mérite de transformer la discipline calligraphique pour la faire accéder à un statut artistique à part entière.

III. Calligraphie gestuelle et calligraphie abstraite

Le renouveau calligraphique dont nous avons évoqué précédemment l'existence a conduit les créateurs à proposer des styles spécifiques qui font de la calligraphie contemporaine un art aux caractéristiques originales. L'importance accrue du rôle accordé à la matière, au rythme* et au traitement gestuel, aboutit à un mode d'expression plus complet qu'autrefois. Tout l'art consiste à intégrer la tradition afin de mieux maîtriser son propre style. Le calligraphe surpasse les règles établies et tente d'insuffler au tracé cette note personnelle qui fait de son œuvre une authentique création. Forme*, instruments et matériaux ont évolué. L'artiste calligraphe préfère allonger les verticales, en inclinant davantage les signes, les griffant de son calame* avec violence, ce qui imprime bien plus de rythme et de vigueur à la composition. Si l'on excepte ce style actuel, très enlevé, qui privilégie le toucher gestuel, il en existe un autre totalement abstrait*, qu'il convient de ne pas confondre avec le précédent. Ce style libère d'immenses possibilités plastiques, et s'illustre avec éclat par un choix approfondi des supports, des matières et des formats qui atteignent parfois des dimensions importantes.

Double page suivante : C. Mediavilla, 2000. Rythme calligraphique abstrait. Pinceau chinois, et plume sur papier aquarelle Canson.

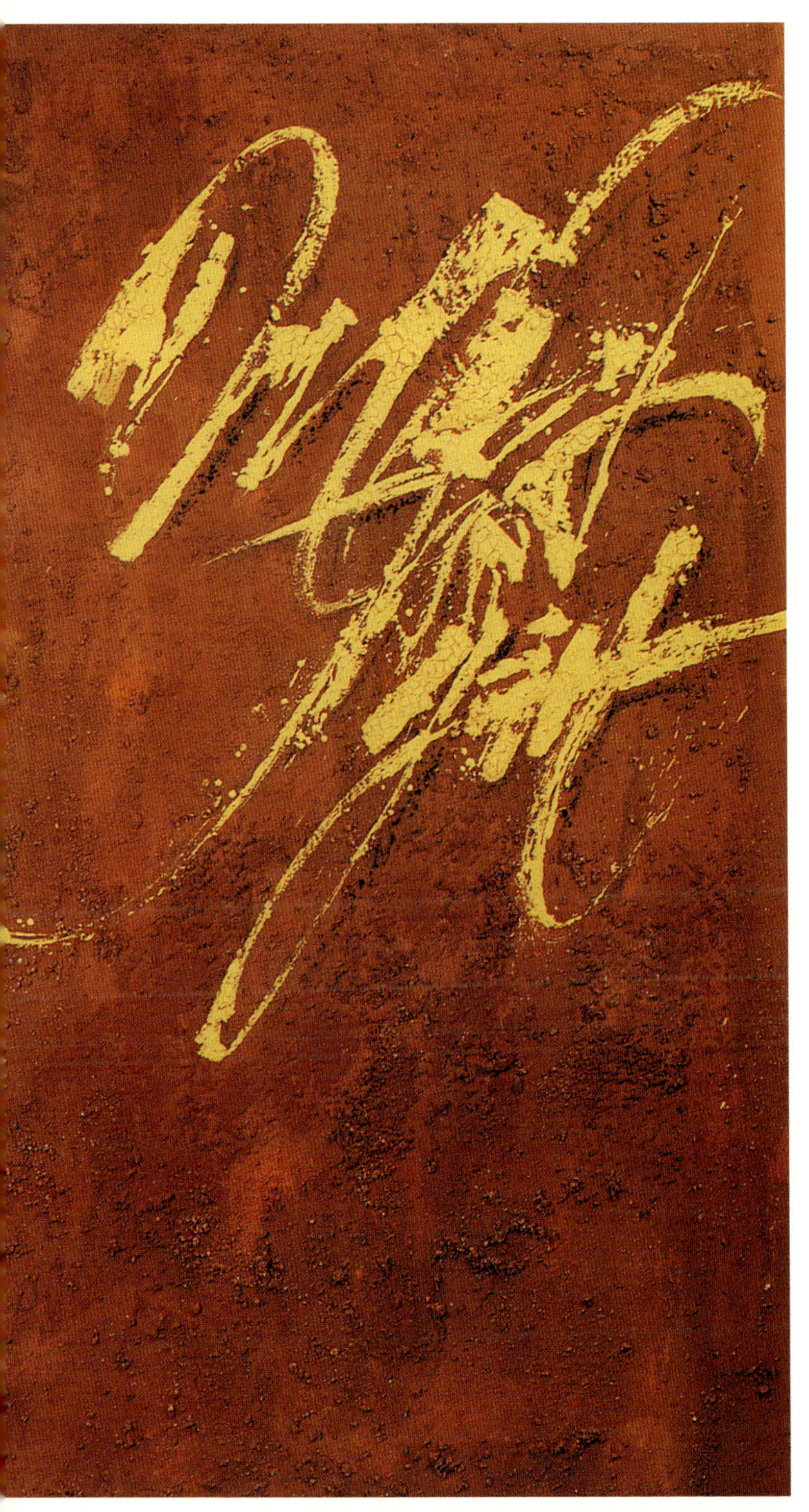

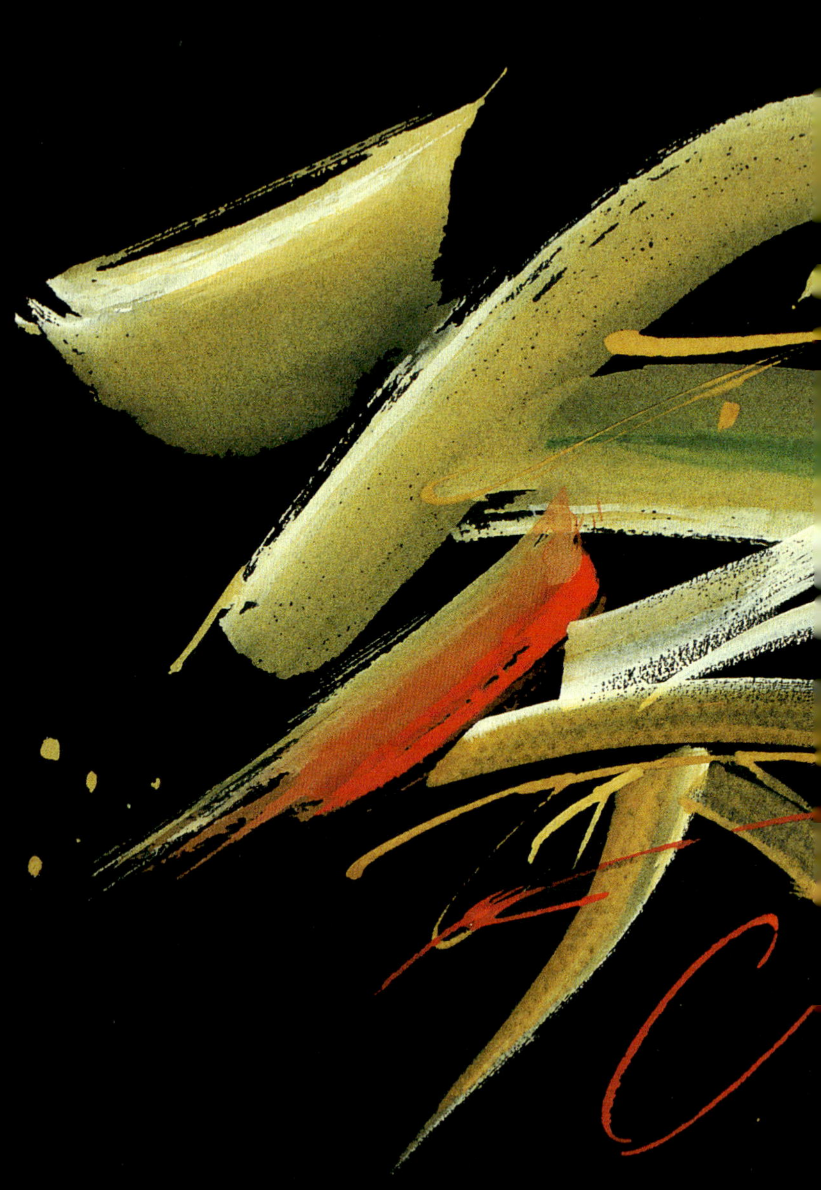

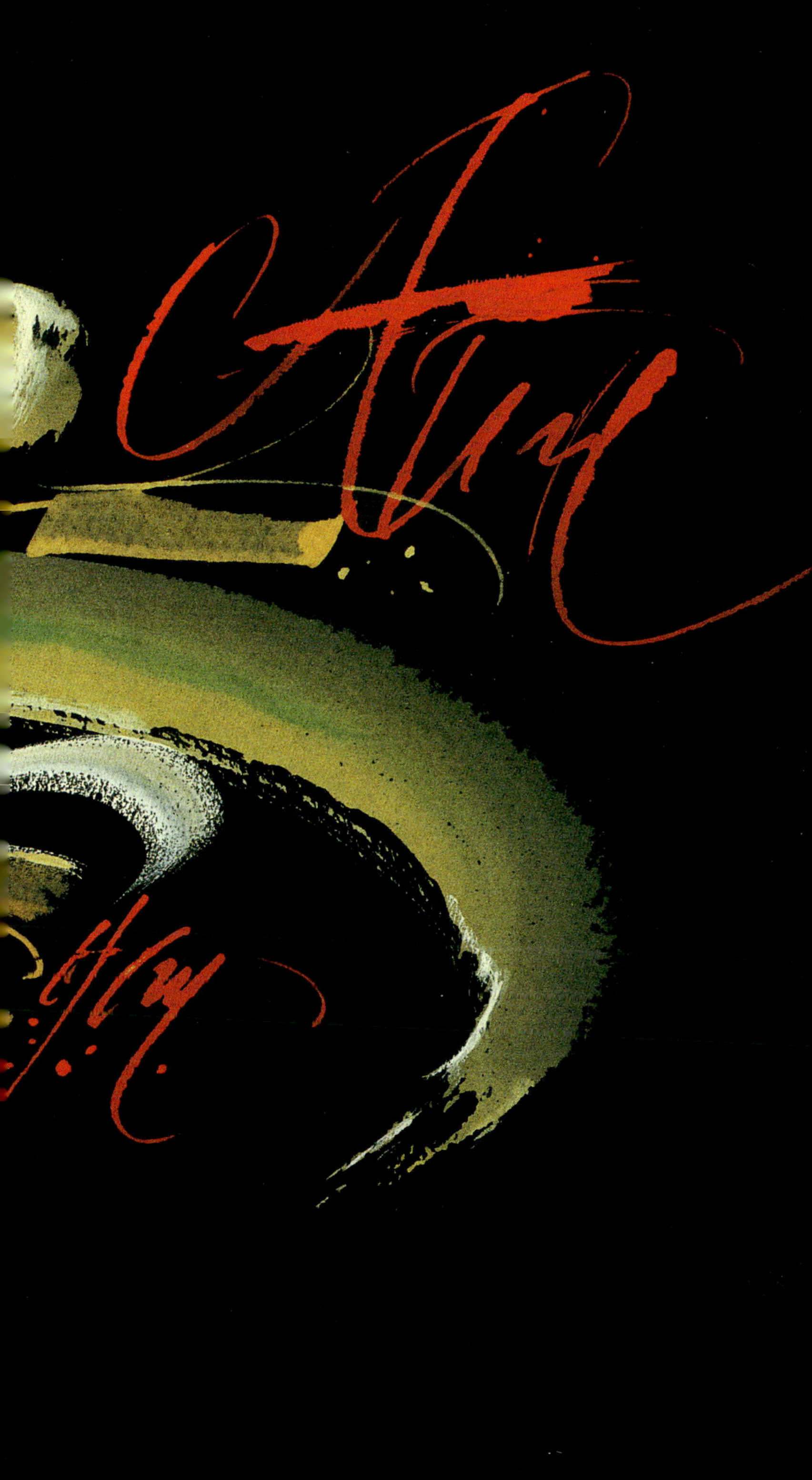

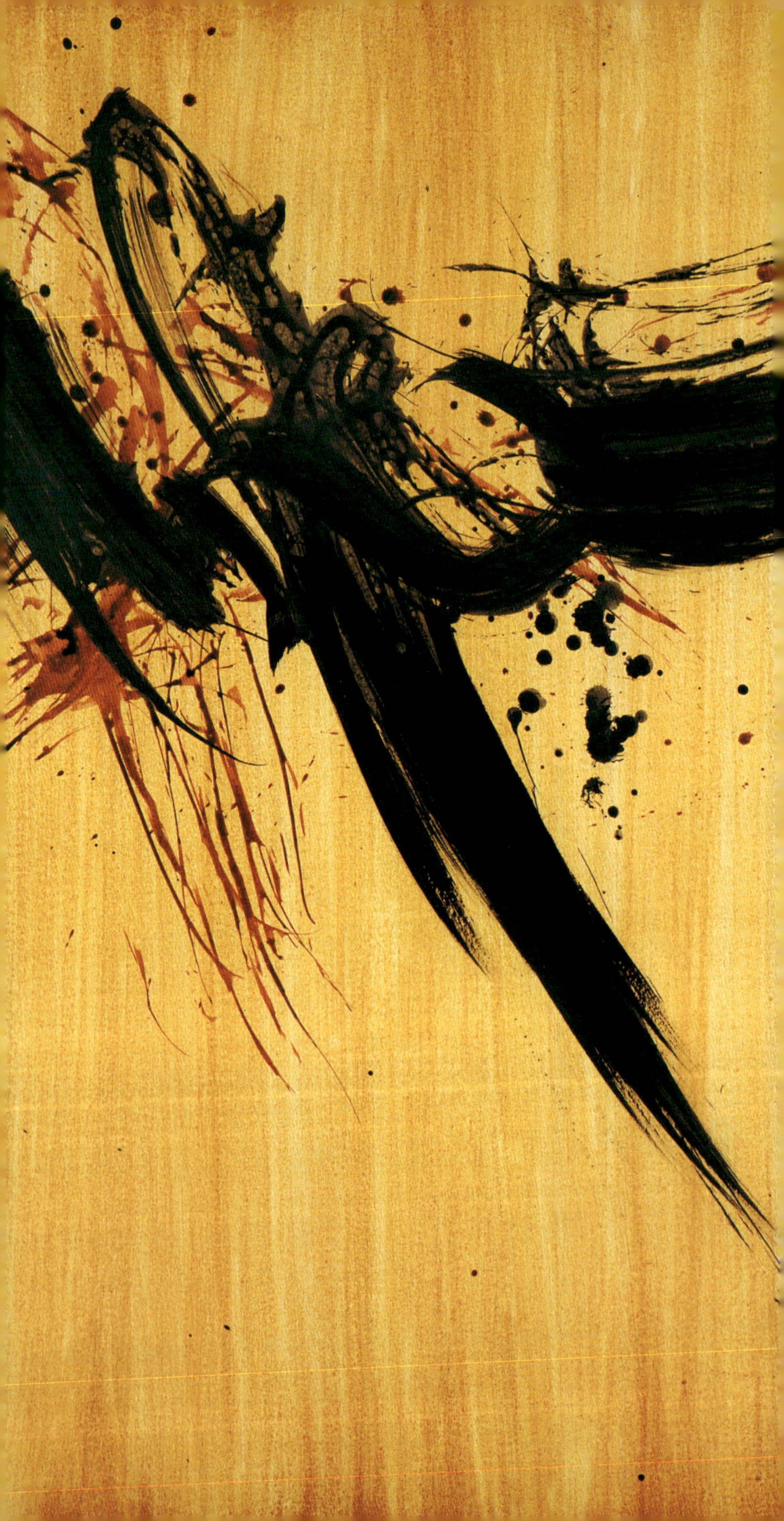

Abstrait

Terme qui s'applique à des relations, à des archétypes et non à des représentations concrètes des objets du monde. C'est l'opération par laquelle l'esprit isole, dans un objet, un élément particulier pour le considérer à part. Si l'on suit l'étymologie, le mot abstrait dérive du latin *abstrahere,* qui signifie « enlever, extraire l'essentiel, prendre la meilleure part d'un ensemble, la plus significative ».
L'art abstrait, qui se libère des règles de l'imitation, de la réalité, selon les lois de la perspective et de l'optique, a été redécouvert au début du XXe siècle. Cet art se divise en deux tendances : l'une gestuelle, expression à la limite de l'inconscient, l'autre géométrique, proche d'une recherche plus froide de la forme*. L'artiste opérant dans le domaine de l'abstraction est, plus que tout autre, capable de créer des microcosmes qui reflètent les espaces infinis. Il peut, en quelque sorte, tenir le monde dans un simple assemblage de lignes et de couleurs. Des formes apparemment accidentelles expriment bien mieux la profonde dramaturgie et le frémissement du monde réel. Dans cette perspective, le créateur peut être instruit de ces énergies et forces vitales minutieusement décrites par la calligraphie.
La calligraphie, en raison de sa spécificité, est par excellence la discipline qui traite du phénomène abstrait. Les remises en question et les ouvertures engendrées par ce concept ont provoqué une multitude de visions que notre époque est loin d'avoir épuisées. La calligraphie est à l'abstraction ce que le dessin est à la figuration.

C. Mediavilla, 1994.
Peinture, sienne et noir. Papier marouflé sur toile, 116 x 81 cm.

Alphabet

Ensemble des lettres servant à transcrire les sons d'une langue. Ces derniers sont reproduits au moyen de la plus petite unité phonique, la lettre, par opposition au système syllabique qui utilise la syllabe. Le terme alphabet vient des mots grecs *alpha* et *bêta,* noms des deux premières lettres de l'alphabet. L'alphabet latin est issu de l'alphabet grec occidental.

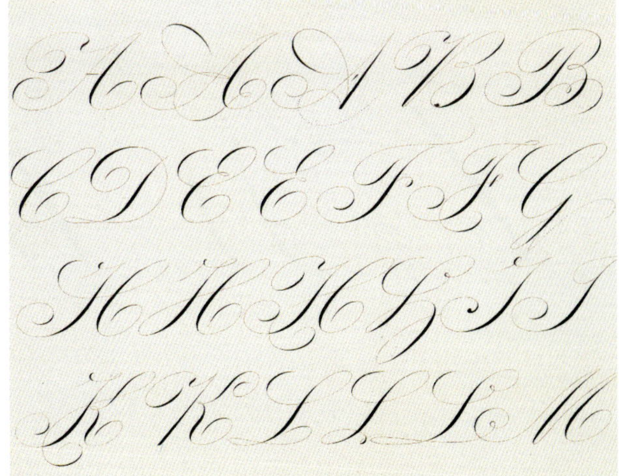

Ci-contre et double page suivante : J. P. Poujade, 1850. Alphabet d'anglaise capitale calligraphié à la plume d'oiseau, 25 x 40 cm.

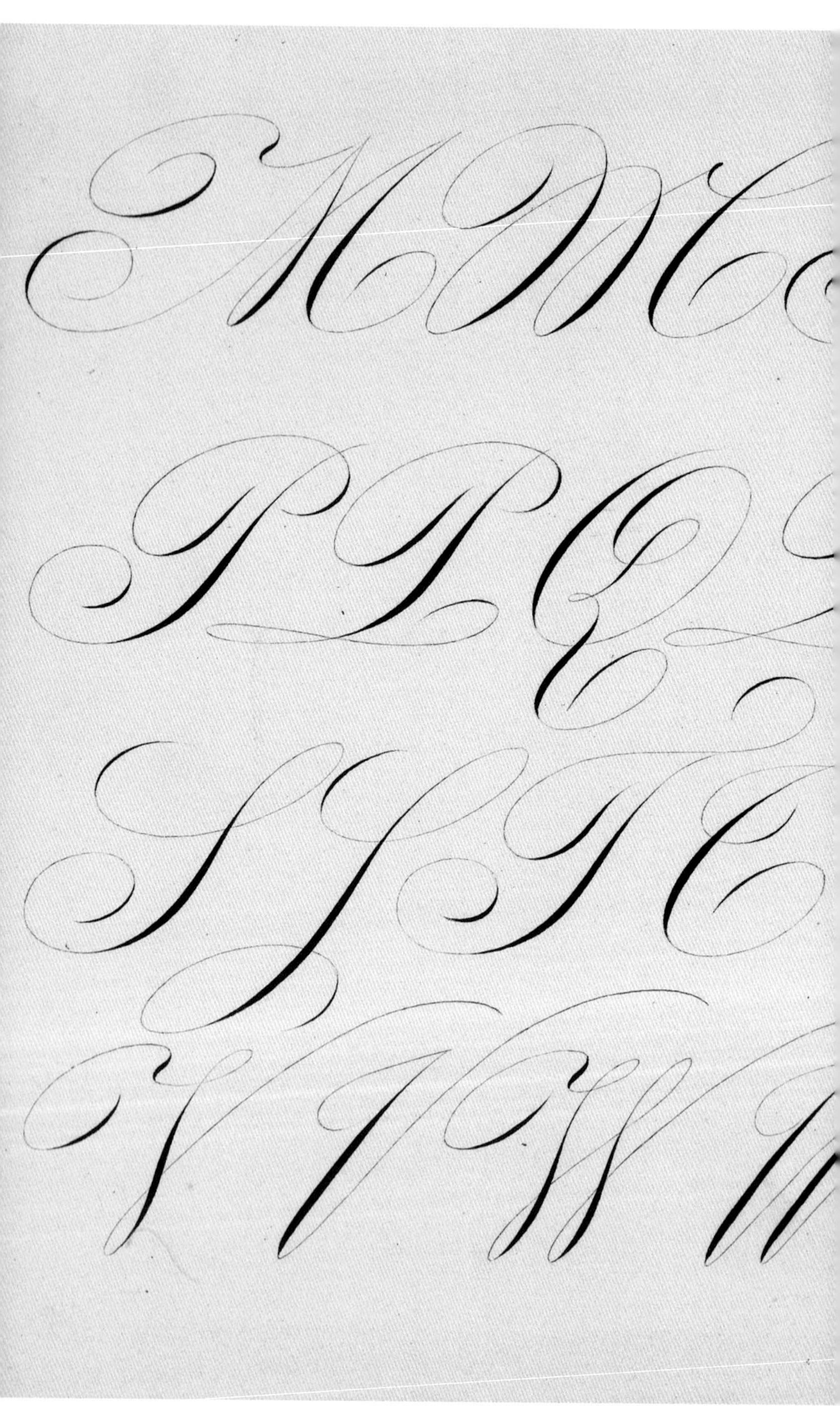

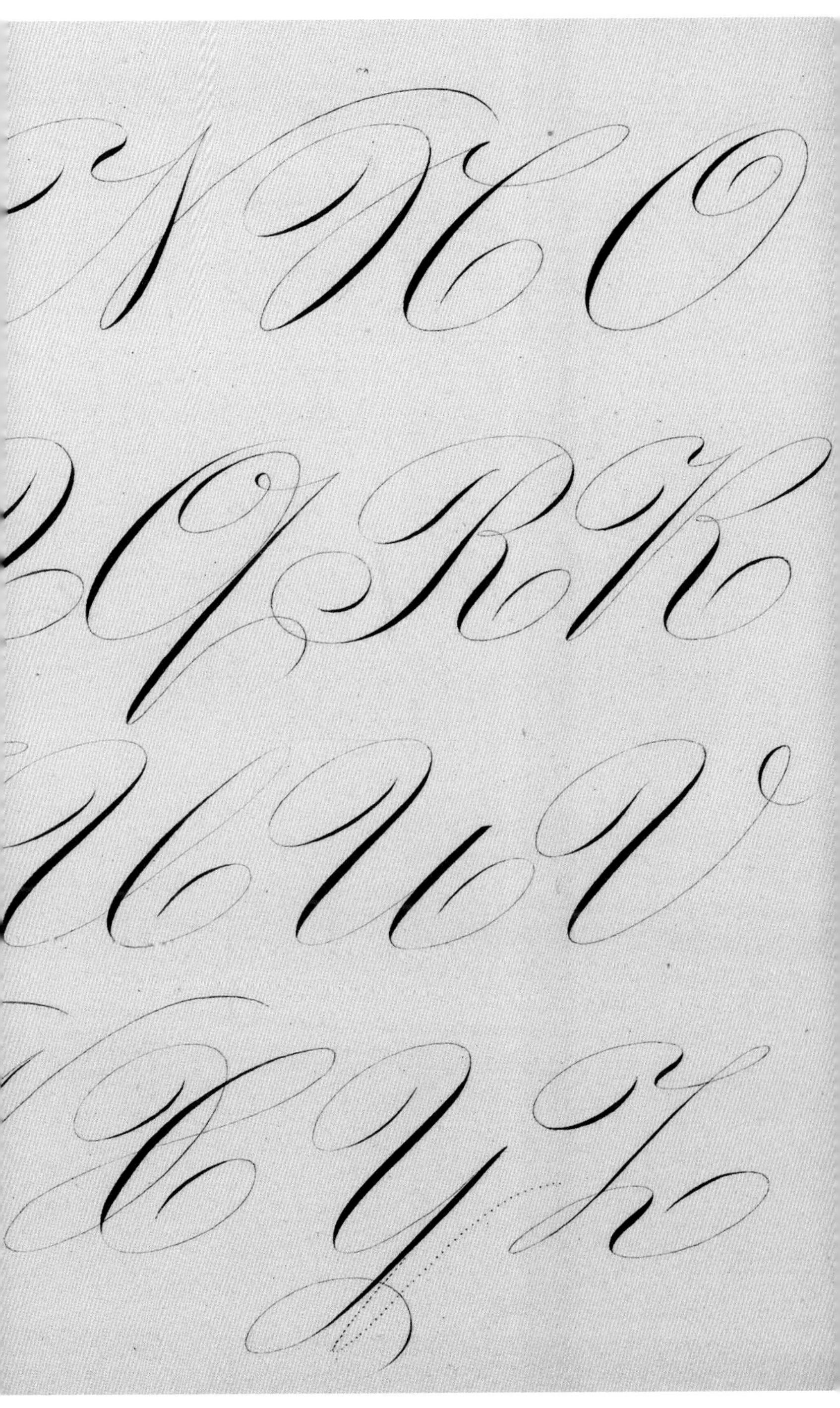

L'intrépidité d'un hom=
me incrédule, mais mourant
ne peut le garantir de qu
quelque trouble, s'il raison=
ainsi: je me suis trompé
mille fois sur mes plus p
palpables intérêts, et j'ai pu
me tromper encore sur la re
religion.

ANGLAISE

Désigne un type d'écriture cursive* dont les lettres inclinées vers la droite forment un angle de 54° par rapport à la ligne d'écriture. Calligraphiée avec une plume* pointue, l'anglaise se caractérise par son élégance, sa finesse et le fort contraste (voir Tension) qui se dégage entre pleins* et déliés*, ces derniers étant souvent filiformes.

L'anglaise trouve son origine dans la bâtarde* italienne. L'interprétation que fit Lucas Materot* de cette dernière marque le départ d'un processus de création qui aboutira à l'anglaise. Dans son ouvrage *Les Œuvres,* publié en 1608, Materot donne un excellent exemple de bâtarde, très habilement exécutée. Après la contribution de maître Lucas Materot, il convient surtout de noter l'effort décisif des maîtres néerlandais, tels que Kneller et Ambrosius Perlingh, dont les travaux, autour des années 1680, ont mis en lumière un type de lettre de transition fort proche de l'anglaise. Cet effort sera poursuivi et amplifié par les calligraphes anglais (John Ayres, Charles Snell, George Shelley, John Clark). On a coutume d'avancer la date de 1710 pour situer la date de création de l'anglaise

Antiphonaire

Livre d'église généralement de grand format, contenant le chant noté des offices. Terme issu du latin médiéval *antiphonarium* ou antienne, qui désigne le verset que l'officiant chante avant un psaume ou un cantique, verset que l'on répète ensuite en entier.

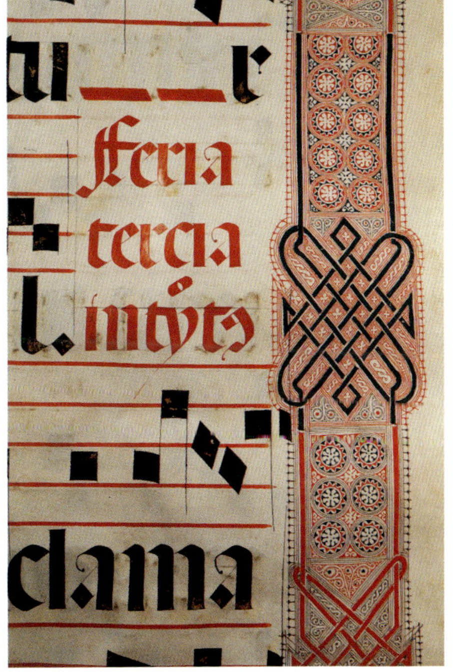

Arabesque

Si l'on se réfère à maître Paillasson*, les arabesques, qu'il nommait également « traits en cadeaux », ont leur origine chez les Arabes ou chez les Maures. À cet égard, il s'exprimait ainsi : « Les traits en cadeaux qui se font du bras et à la volée sont des coups de plume qui servent aux maîtres écrivains pour embellir leurs pièces d'écriture, et aux commis pour donner de l'éclat à un titre et à toutes sortes d'ouvrages. »

Les arabesques, dans leur définition, sont des traits ornementaux qui prolongent les hastes* ou les hampes* de certaines lettres propices à cet effet : par exemple le b, d, f, g, p et z. ces traits décoratifs en « cadeaux » n'ont d'autre discours ni d'autre motif que d'enchanter notre regard. L'art de l'arabesque est l'un des aspects les plus fascinants de la calligraphie.

En son livre du *Champ fleury* (1529), Geofroy Tory décrit les lettres capitales* ornées ou lettres « cadeaux » qui, dit-il,

Page de gauche : J. P. Poujade, 1850. Pièce d'écriture anglaise calligraphiée sur papier et décorée de nombreuses arabesques.

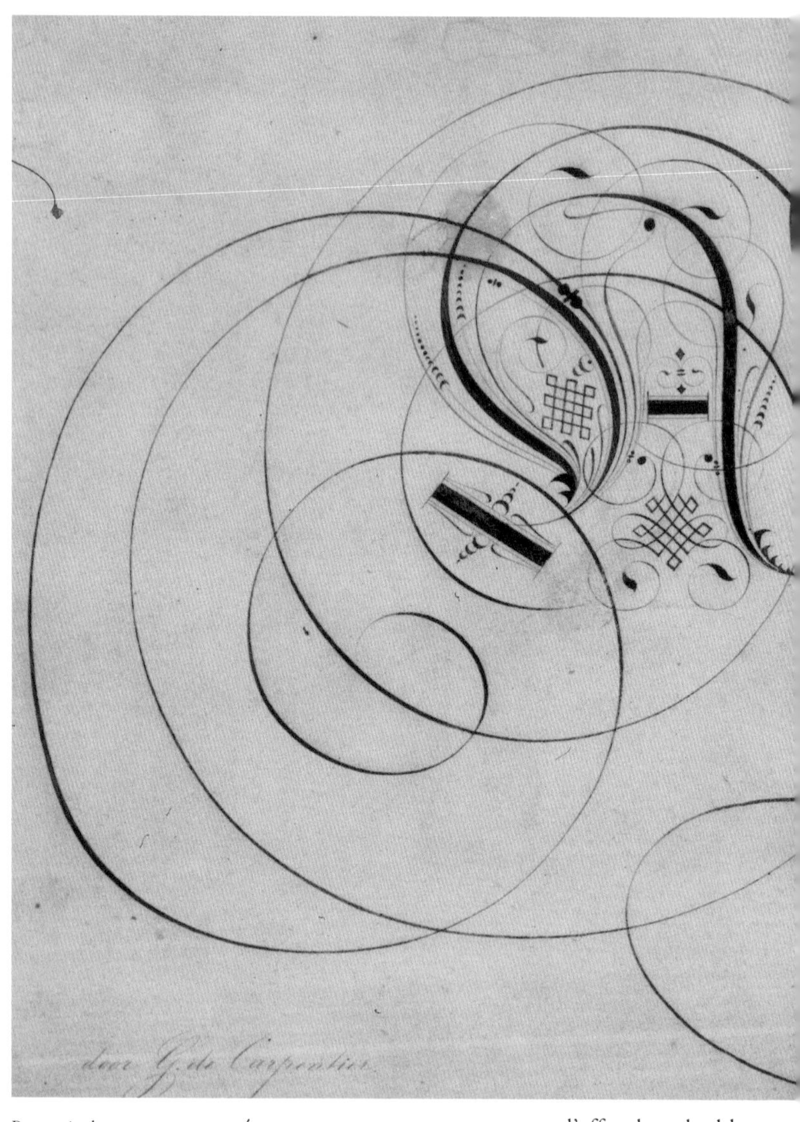

Page précedente : Fragment d'une page d'antiphonaire calligraphiée en gothique rotunda. Monastère de Guadalupe, Espagne, fin du XVe s.

sont tracées au commencement des manuscrits* et des versets. C'est parce qu'elles dépassent de un quart les lettres normales qu'elles sont appelées *quadreaux* ou *cadeaulx*, et *cadels* en anglais. Une belle arabesque se définit en premier lieu par la justesse des traits et des boucles, et par l'harmonie qu'elle crée avec l'écriture qu'elle souligne. L'arabesque se caractérise notamment par l'effet de redoublement, le parallélisme ou la superposition d'un plein* sur un délié*.

À chaque style de calligraphie correspond une arabesque qui lui est propre. La gothique textura* et la bâtarde* sont agrémentées d'arabesques aux formes brisées et élaborées. La fraktur*, quant à elle, autorise les tracés baroques.

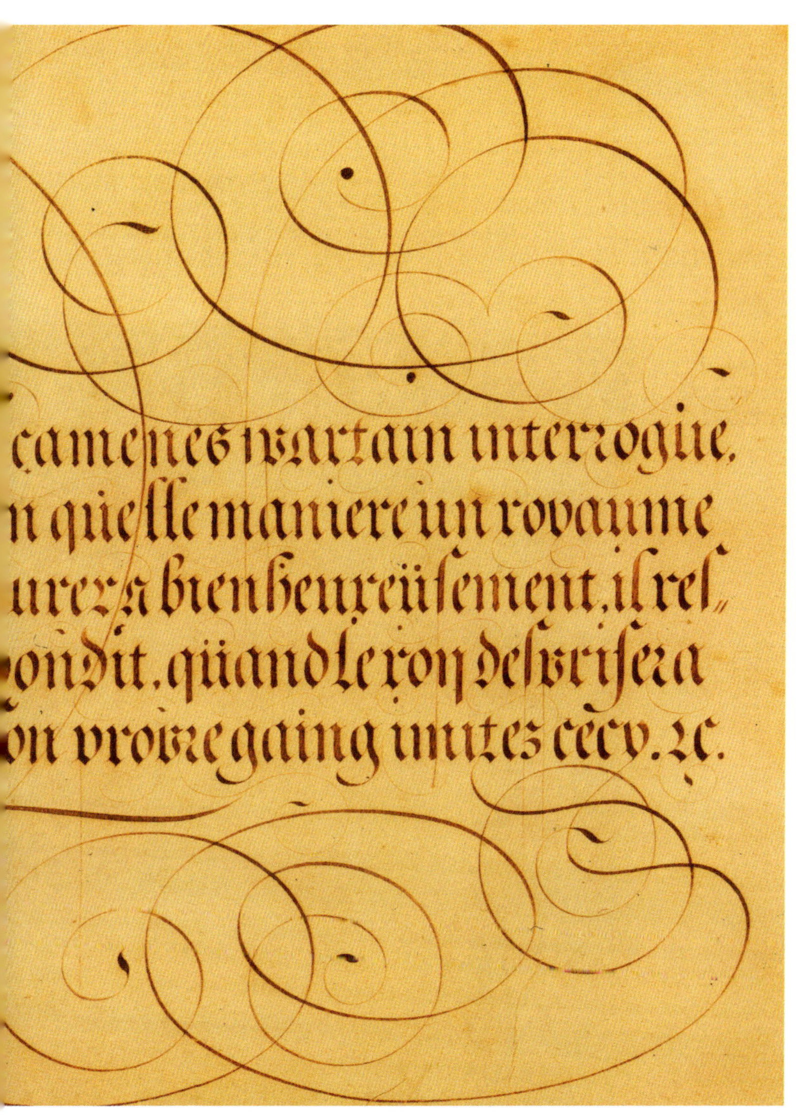

Pour la ronde*, il est nécessaire que l'arabesque soit riche et assez composée. En revanche, la bâtarde italienne exige une arabesque de la plus grande simplicité. L'écriture anglaise*, enfin, s'accorde avec une arabesque légère et raffinée, qui embellit toujours la composition et lui offre un délicieux éclat.

Arrighi, Ludovico degli

Calligraphe italien né vers 1490 dans le modeste village de Corneto, près de Vicence, mort à Rome en 1527, lors du sac de la ville par les Impériaux.

Arrighi, dit Vicentino, s'initie très tôt à l'art calligraphique.

Il reçoit son premier enseignement sous l'autorité de Tagliente, premier maître

G. de Carpentier, 1600. Calligraphie sur papier, plume d'oiseau et encre métallique. Le texte tracé en fraktur met en évidence la somptuosité des arabesques, 29,5 x 19,2 cm.

d'écriture de la République de Venise. Ce n'est qu'à partir de 1510 que l'on voit apparaître des informations précises concernant Arrighi. Cette même année, il participe à la publication d'un livre de voyage qui connaît un franc succès, intitulé *Itinerario de Varthema*... Parallèlement, il se spécialise dans la copie d'ouvrages de luxe, activité qui lui donne l'occasion d'exhiber sa grande maîtrise calligraphique de la lettre de chancellerie. En fait, Arrighi n'est pas seulement un calligraphe virtuose, mais aussi un homme à la culture multiple,

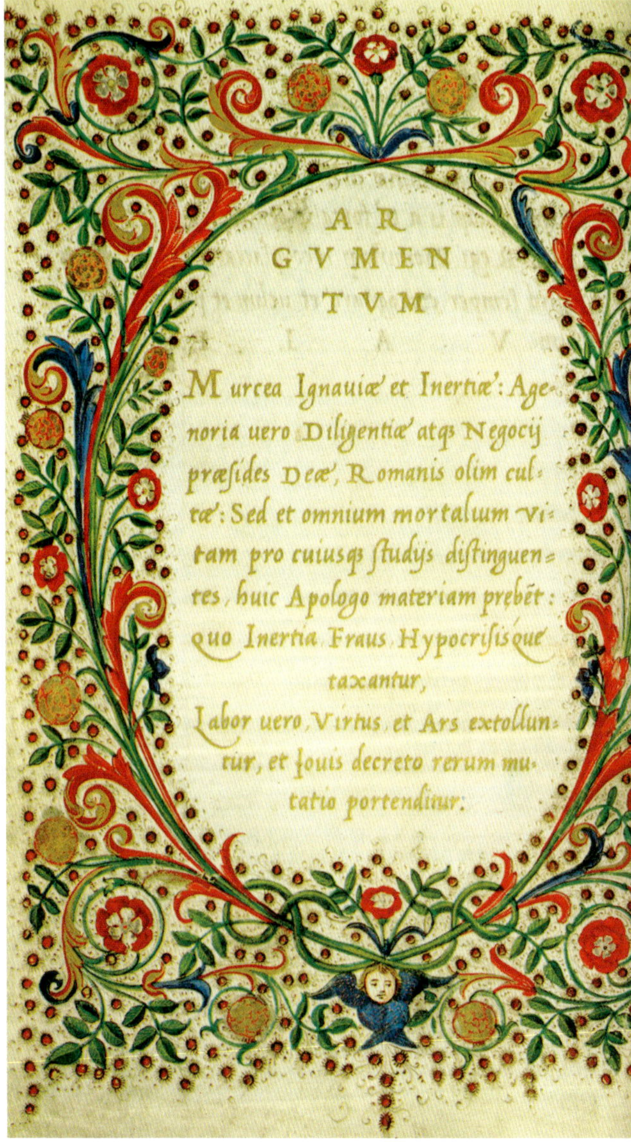

L. degli Arrighi, 1520. Manuscrit sur vélin contenant les *Apologues* de Collenuccio de Pesaro.

tour à tour scribe de brefs apostoliques, imprimeur, éditeur et cartographe.
L'Éthique, d'Aristote, manuscrit calligraphié en 1517, représente un spécimen très caractéristique de sa facture, faite de grâce et d'élégance. Durant le pontificat de Léon X, vers 1515, il obtint une charge officielle de scribe* des brefs apostoliques auprès de la chancellerie papale. Puis, lorsqu'en 1521 son poste est supprimé, Arrighi met à profit cette période d'inactivité forcée pour achever ce qui constitue le premier traité de *cancellaresca* : *La Operina,* publié en 1522.

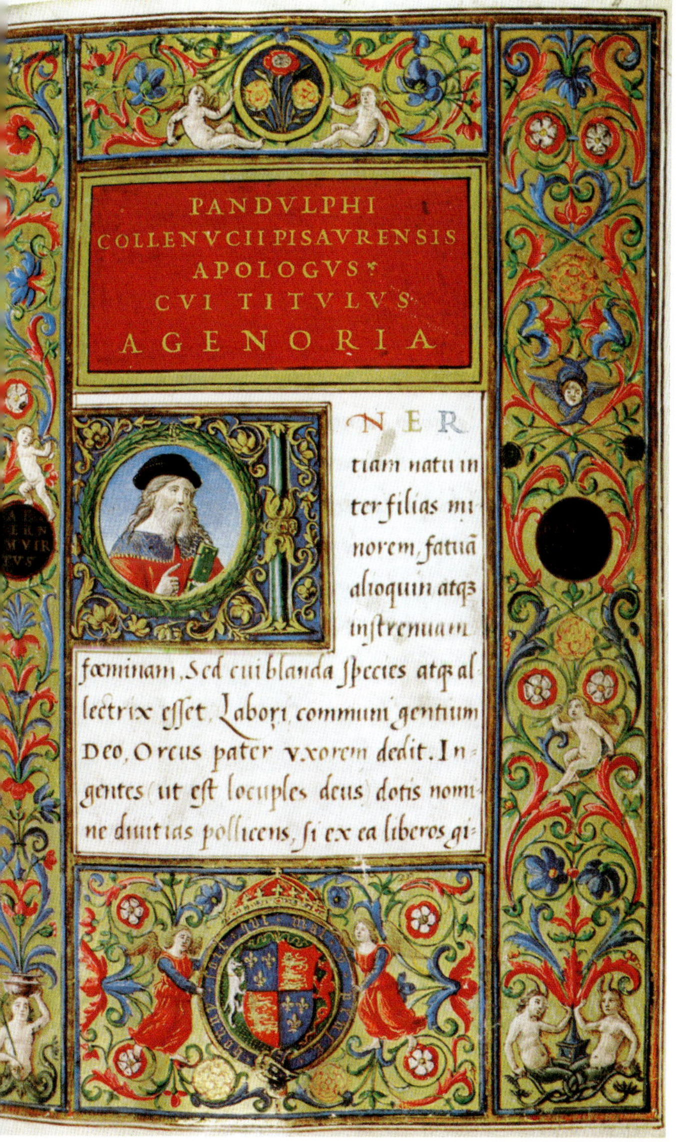

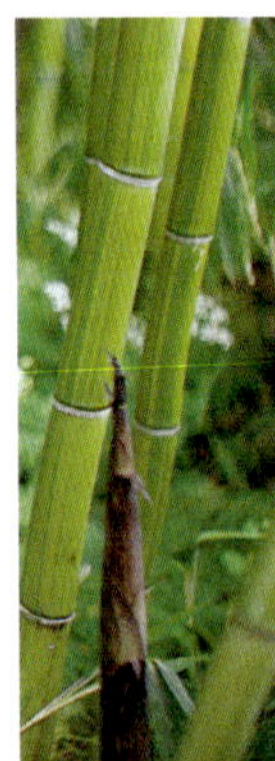

Bambou

Plante de l'ordre du *Bambusoideae*, qui, taillée, peut servir d'instrument d'écriture. Le bambou possède un ou plusieurs rameaux à chaque nœud. Il se différencie ainsi du roseau avec lequel il ne faut pas le confondre (voir Calame). Ce dernier présente une tige creuse et souple, faite d'un matériau spongieux, tandis que le bambou est formé d'une tige épaisse, très robuste, composée d'une matière très ligneuse proche du bois.

Ainsi, une calligraphie tracée à l'aide du bambou offrira un toucher et un résultat très différents du roseau.

Parmi les nombreuses sortes de bambou, on peut citer le bambou de l'Himalaya, *Arundinaria jaunsarensis (A. anceps),* et *Semiarundinaria fastuosa,* aux tiges très épaisses, pouvant atteindre huit mètres de hauteur.

Barbedor, Louis

Calligraphe français né à Paris en 1589 et mort en 1670. Il est considéré comme le maître le plus éminent du siècle de Louis XIV. Fils d'un maître calligraphe, il est lui-même reçu dans la profession en 1609, distinction qui lui permet d'obtenir la charge de secrétaire ordinaire de la Chambre du roi. En 1632, alors qu'il occupe le poste de syndic de la Communauté des maîtres écrivains, il est chargé par les services de l'administration royale de proposer un modèle de ronde* ou de financière. Par arrêt du Parlement de Paris, ce modèle doit servir aux particuliers ainsi qu'aux autres maîtres pour enseigner la jeunesse. Plus tard, en 1663, voulant se concilier les bonnes grâces des gens de plume, le ministre Colbert fait prendre le célèbre décret en faveur des « belles mains », décret qui conforte notablement le statut des maîtres calligraphes et équivaut à leur accorder des privilèges considérables.

Il existe plusieurs ouvrages de Barbedor, dont les plus significatifs sont *Le Traité de l'Art d'écrire* (Paris, 1635) et, surtout, *Les Escritures financière et bastarde dans leur naturel* (Paris, 1647). Ce dernier livre constitue l'œuvre majeure de Barbedor, où il présente avec éclat la synthèse des diverses écritures françaises et étrangères, tout en révélant au public son immense maîtrise et son érudition. Les lettres capitales et les traits de plume de ses pièces sont d'une simplicité savante et vigoureusement jetés. Cet artiste hors pair, dont l'œuvre influencera grandement l'art scripturaire français, sut, de manière admirable élever l'arabesque* au statut d'art abstrait*.

Portrait de L. Barbedor, 1589-1670. Gravure extraite de son ouvrage *Les Escritures financière et bastarde dans leur naturel*, 1647.

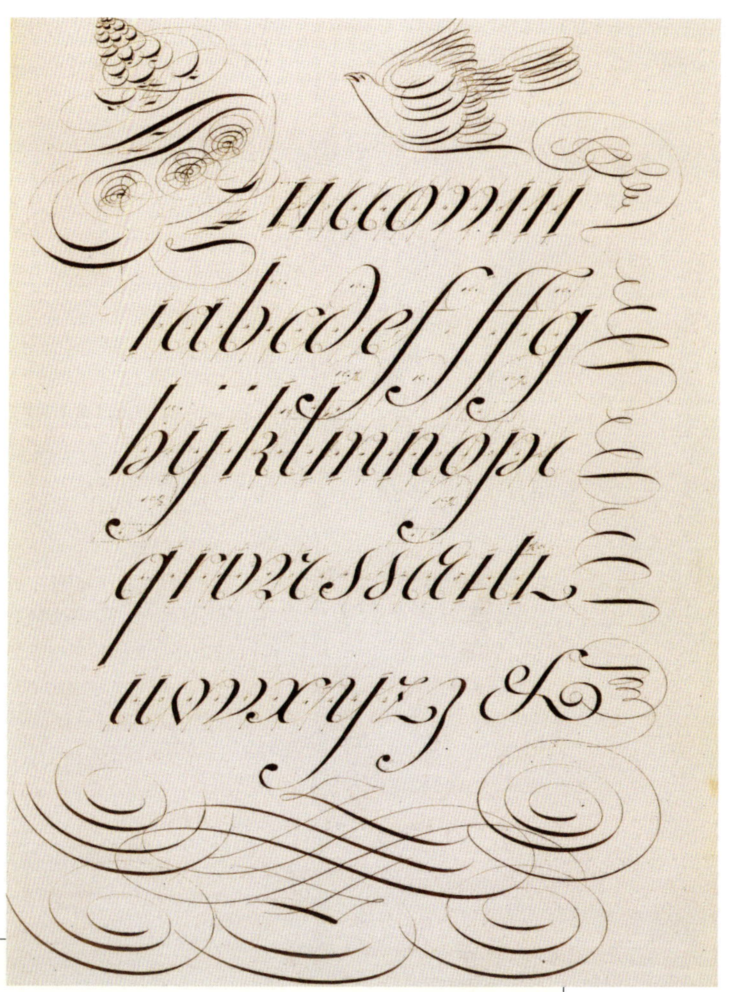

J. P. Poujade, 1850. Alphabet de bâtarde minuscule calligraphiée sur papier à la plume d'oiseau et encre métallique.

BÂTARDE

Style calligraphique inspiré de la lettre de chancellerie italienne du XVIe siècle. C'est en effet d'Italie qu'est issu ce modèle, qui, à vrai dire, constitue un compromis entre la *cancellaresca* bastarda* et la *cancellaresca moderna.* Nous devons à Lucas Materot* de l'avoir popularisée au début du XVIIe siècle, de l'avoir rendue plus lisible en la simplifiant et plus cursive par l'apport de subtiles ligatures* expédiées. La bâtarde, qui fait partie des trois écritures françaises avec la ronde* et la coulée*, va progressivement se substituer aux écritures gothiques cursives. Elle gagne ses lettres de noblesse autour des années 1630, notamment sous l'influence de maîtres tels que Louis Barbedor*, Jean Petré et Philippe Limosin. Techniquement, la cursivité sera favorisée par l'usage d'une plume taillée plus finement en son bec et davantage fendue. Par ailleurs, il faut noter que le terme « bâtarde » s'applique également à un type de gothique* du XVe siècle. Il convient donc de rester vigilant à cet égard, si l'on ne veut pas commettre de confusion.

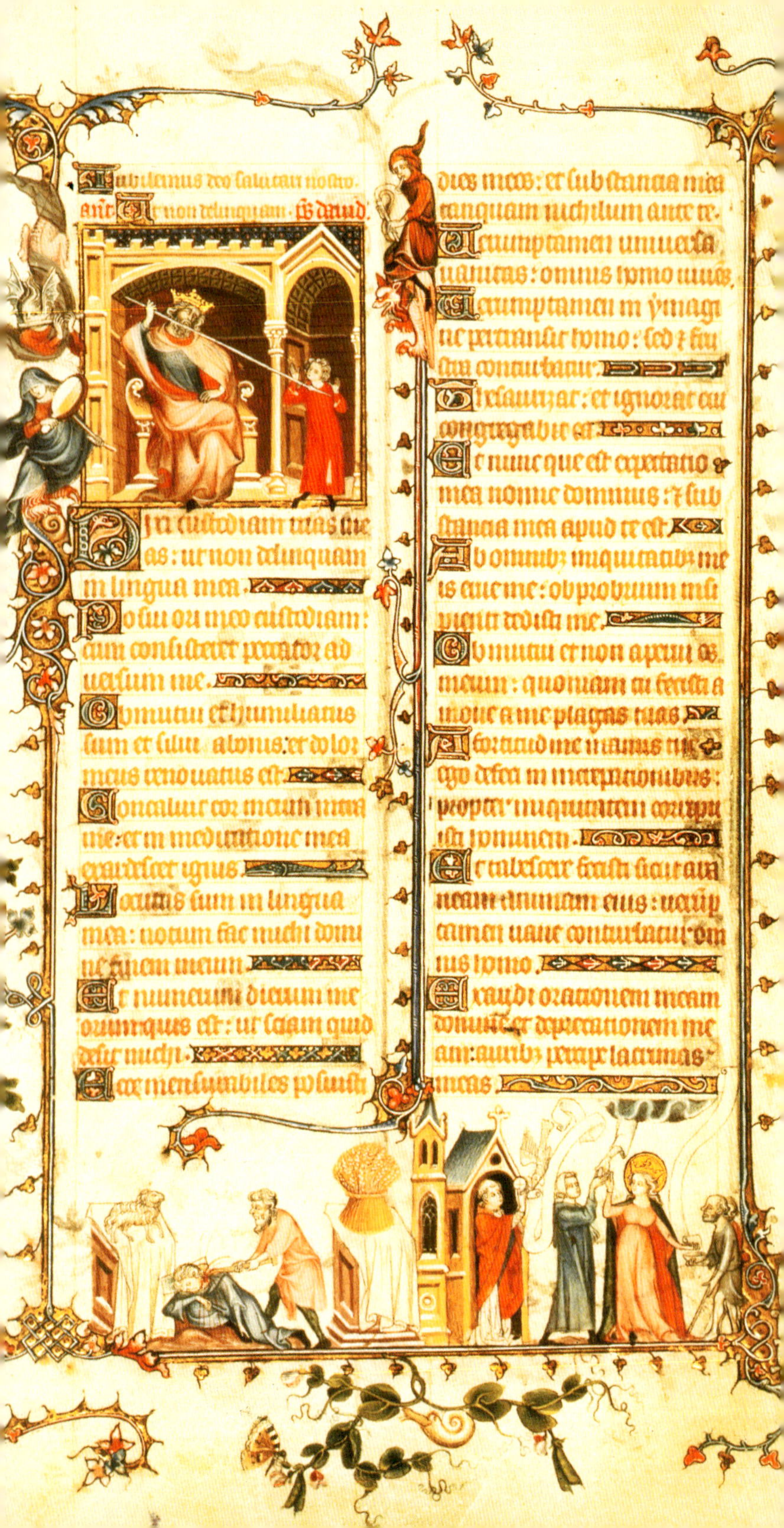

Iubilemus deo salutari nostro.
Ant. Ut non delinquam. ps david.

Dixi custodiam uias me-
as: ut non delinquam
in lingua mea.
Posui ori meo custodiam:
cum consisteret peccator ad
uersum me.
Obmutui et humiliatus
sum et silui a bonis: et dolor
meus renouatus est.
Concaluit cor meum intra
me: et in meditatione mea
exardescet ignis.
Locutus sum in lingua
mea: notum fac michi domi
ne finem meum.
Et numerum dierum meo
rum quis est: ut sciam quid
desit michi.
Ecce mensurabiles posuisti
dies meos: et substantia mea
tanquam nichilum ante te.
Uerumptamen uniuersa
uanitas: omnis homo uiuens.
Uerumptamen in ymagi
ne pertransit homo: sed et frus
tra conturbatur.
Thesaurizat: et ignorat cui
congregabit ea.
Et nunc que est expectatio
mea nonne dominus: et sub
stantia mea apud te est.
Ab omnibus iniquitatibus me
is erue me: obprobrium insi
pienti dedisti me.
Obmutui et non aperui os
meum: quoniam tu fecisti a
moue a me plagas tuas.
A fortitudine manus tu
e ego defeci in increpationibus:
propter iniquitatem corripu
isti hominem.
Et tabescere fecisti sicut ara
neam animam eius: uerum
tamen uane conturbatur om
nis homo.
Exaudi orationem meam
domine et deprecationem me
am: auribus percipe lacrimas
meas.

lucratiuis mercationibus de-
putatus negotijs. superno
sibi tamen assistente presidio non
inter lascivos iuvenes post
carnis petulantiam abijt nec
inter cupidos mercatores
speravit in pecunia et thesau-
ris. R. In dei fervore ope statim
ut sua vendit pauperibus impende-
re pecuniam intendit. Que gravi
suo pondere cor liberum offendit.
V. Quam formidante paupere probro
recipere abiecta nil perdidit. Que

Necat namque iuvenl. iiij.
nis franciscus precordijs
divinitus indita cui lecta
te mansuetudinis quam
ad paupere miseratio libe-
ralis que secum ab infantia
creverat. tanta cor illius beni
gnitate repleverat. ut iam
evangelij non surdus auditor
omni poneret se petenti tribu
ere. maxime si divinum alle
garet amorem. R. Dum pater
hunc prosequitur latens dat locum
re. constanter post aggreditur in pu
blicum prodire. Squalenti vultu
cernitur putatur insanire. V. lu
to saxis impetitur sed patiens vir mutus

ut surdus pertransit. Squalenti. In
secundo noct. ant. Pertinacitur do
mi ueberat plus cunctis furens
pater obiurgans uincit carcerat qr
em furens soluit mater. ant. Jam li
ber pris sunt non cedit effrenatum
clamans se voluntarie pro xpo ma
la pati. ant. Ductus ad loci presule
sua patri resignat nudusque manet
exulem in mundo se designat. l. iiij.

In ipso quidem iuventutis
flore firmiter se divino ipso
sic constringens. quod numquam si
possibilitas adforet petentibus
pro amore domini se negaret.
Dum promissum tam nobile
usque ad mortem servare non de-
stitit ad copiosum ...
dilectionis egregie incremen-
ta pervenit. Verum licet hic iugiter
in corde ipsius divinum amo
ris urgeret igniculus. Ignora
bat adhuc adolescens cu
nis terrenis implicatus. celesti
allocutionis archanum. R.
Dum se minimo corpore laudes de
cantat gallice celator noue legis
latronibus in nemore. Respondet
sic publice preco sum magni regis.
Audit imuus frigore proiectus

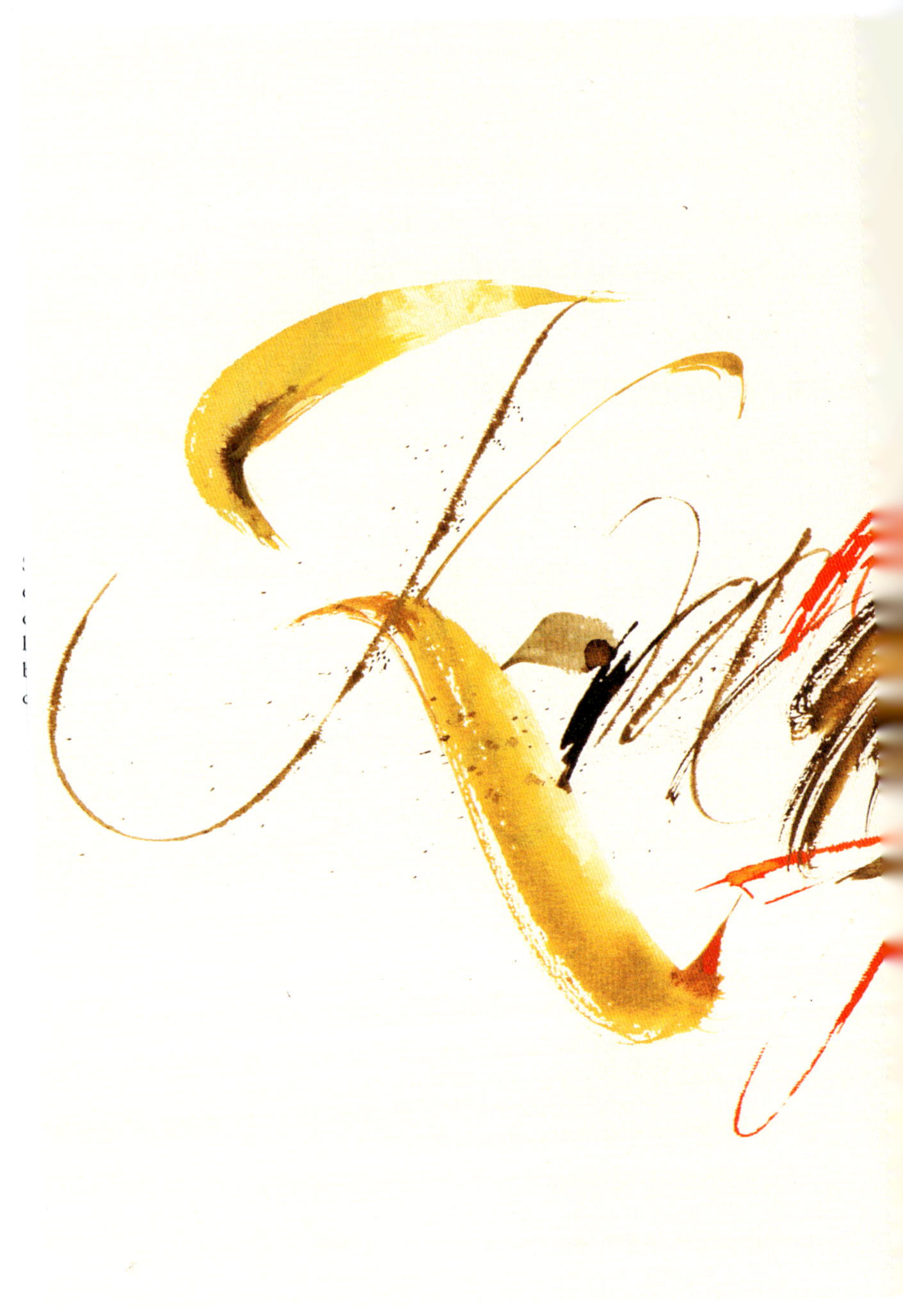

Ro
gi
d'I
4 c

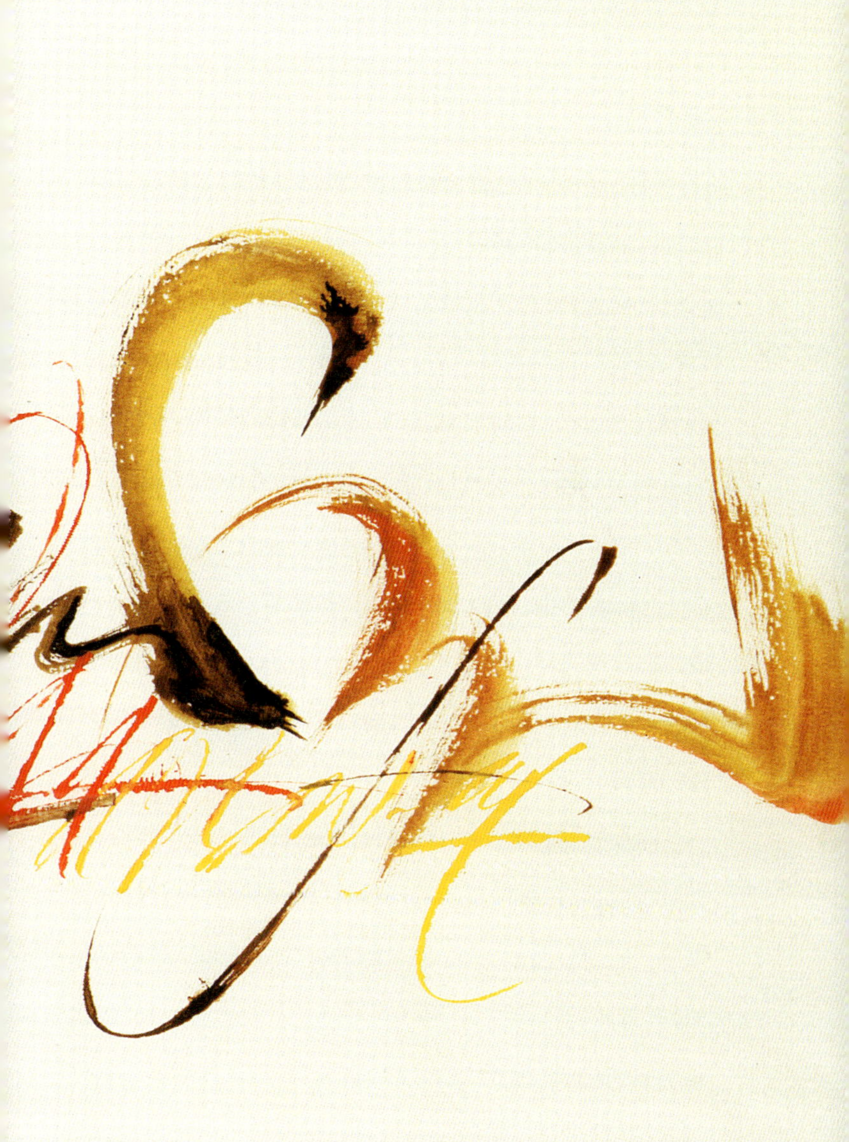

et gloriam eorum · et dixit illi ; haec tibi omnia da
cadens adoraueris me ; Tunc dicit ei ihs ; Uade sa
scriptum ē enim ; Dnm dm̄ tuum adorabis · et illi
seruies ;

Tunc reliquit eum diabolus · et ecce angeli acces
et ministrabant ei ;

CUM AUTEM AUDISSET IHS QUOD IOH
nes traditus esset secessit in galileam ·

Et relicta ciuitate nazareth uenit et habitauit i
naum maritimam in finib; zabulon et nepthal
adimpleretur quod dictum ē per esaiā proph
Terra zabulon et terra nepthalim · uia maris t
iordanen galileae · Gentium populus qui sedeba
nebris lucem uidit magnam · Et sedentibus in
ne umbrae mortis lux orta ē eis ;

Exinde coepit ihs praedicare et dicere ; paenit
agite appropinquauit enim regnum caelorū ;
lans autē iuxta mare galileae · uidit duos fratre
nem qui uocatur petrus et andream fratrem ei
tentes rete in mare · Erant enim piscatores ;

Et ait illis ; Uenite post me · et faciam uos piscat

Double page précédente : C. Mediavilla, 2000. Calligraphie abstraite. Pinceau chinois et plume. Aquarelle sur papier Fabriano.

CAROLINE

Petite écriture ronde, élégante, très lisible, en usage au IXe siècle et considérée comme l'un des vecteurs de la réforme carolingienne. L'écriture caroline a beaucoup emprunté à la cursive romaine tardive, mais, pour une grande part, elle dérive de la semi-onciale*. La culture de l'Empire romain et sa richesse graphique ont sans doute influé sur l'esprit carolingien, si désireux de puiser aux sources de l'Antiquité. Le premier spécimen de lettre caroline à proprement parler peut être relevé au scriptorium *de Corbie. On le trouve dans la bible de l'abbé Maurdramnus* (mort en 778), manuscrit* conservé à la bibliothèque municipale d'Amiens. Il convient de noter que l'essor du renouveau carolingien ne peut être imputé au seul empereur Charlemagne. C'est bien plus la résultante d'un effort collectif suscité par le labeur de nombreux scriptoria. De fait, avec la caroline, une volonté d'unification s'affirme, tout autant qu'une ambition politique. Aussi la caroline est-elle par nature fille de l'Empire romain.

Les plus belles réussites calligraphiques du type carolin doivent être mises au crédit du scriptorium de Saint-Martin de Tours. C'est en effet sous l'abbatiat d'Alcuin (796-804) que la caroline s'y est développé et imposé, tandis qu'elle atteint son apogée et sa forme classique sous celui de l'abbé Frédégise (806-834).

D'autres foyers ont œuvré activement : à côté de Saint-Martin de Tours et de Marmoutier, des scriptoria tels que Saint-Germain -des-Prés, Saint-Denis, Corbie et Reims rassemblèrent un grand nombre de talents et de manuscrits de grande valeur. Pour ce qui concerne l'étranger, il convient de noter Salzbourg, Ratisbonne et Vérone.

Page de gauche : Evangéliaire de Prüm, folio 733, p. 28 r°, IXe s. Exemple d'écriture carolingienne.

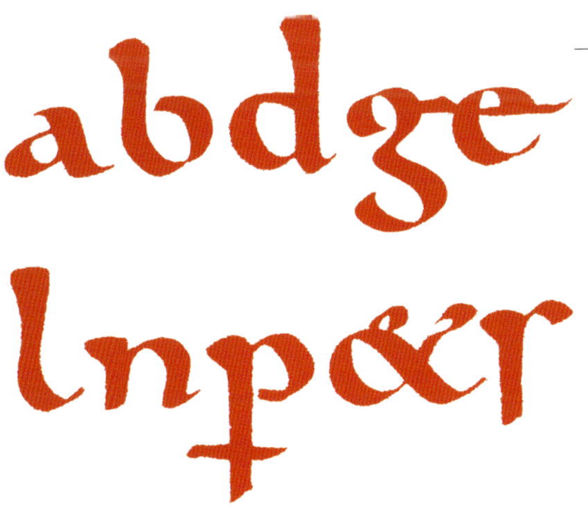

Spécimen d'écriture carolingienne.

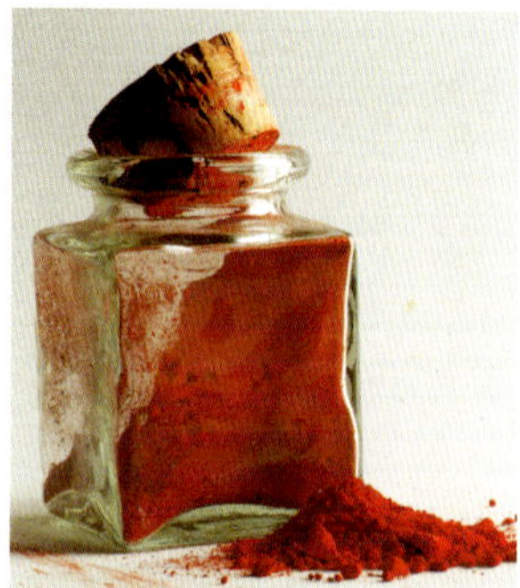

Cinabre

Minerai rouge-brun, contenant du sulfure de mercure (HgS) naturel et utilisé comme pigment* dans la peinture. Le cinabre est une roche compacte, assez pesante, composée de soufre et de mercure.

On distingue trois sortes de pigments rouges à base de sulfure de mercure : le cinabre naturel, qui est simplement du minerai de cinabre pulvérisé, le vermillon obtenu par la méthode dite « sèche » et le vermillon obtenu par la méthode dite « humide ». Ces deux derniers produits sont recomposés par un procédé chimique, mais totalement naturels ; il convient toutefois de ne pas les confondre avec le vermillon d'imitation, qui, lui, ne contient aucun sulfure de mercure.

Les auteur grecs du IVe siècle utilisèrent le terme *kinnábaris* pour désigner ce pigment. Par ces témoignages, nous savons que les Grecs anciens connaissaient le cinabre, dont ils extrayaient le minerai d'une mine située près d'Éphèse, et d'une autre située en Colchide.

Les Romains n'ignoraient pas le cinabre. Toute leur production venait de Sisapo, l'actuelle Almaden, en Espagne, qui demeure toujours la mine la plus importante.

Les gisements de cinabre sont répartis de manière très irrégulière : on en a repéré en Italie, en Slovénie et, surtout, en Chine dans le K'uei-chou. Le cinabre, pigment très dense et éclatant, fut surtout employé durant le Moyen Âge pour la décoration des lettrines rouges et l'exécution des titres.

Codex

Désigne le livre composé de cahiers de parchemin ou de papier, par opposition au *volumen* ou rouleau. Le pluriel latin en est *codices.*

Si l'on en croit le poète Martial, les codex sont apparus durant le règne des empereurs Flaviens (IIe siècle).

Codex florentino, manuscrit. Bibliothèque Laurentienne, Florence.

Rouleau magique. Ethiopie fin XIXe-début XXe s. Paris, B.N.F. ms lat. 10483 f° 24 v°, 1323-1326, enluminure sur parchemin.

Ay vna rayz que se llama. tecpatli o tecpaolotl es pegaxosa como liga es dela manera dela rayz del abon. Es medicinal para las queraduras de huesos, y tambien vn della como de liga para tomar ves, vntan conella pajas lar as, y ponen las donde comen beuen las aves, y con esto las oman, tambien llaman a esta liga tlaçali porque es muy pegaxosa.

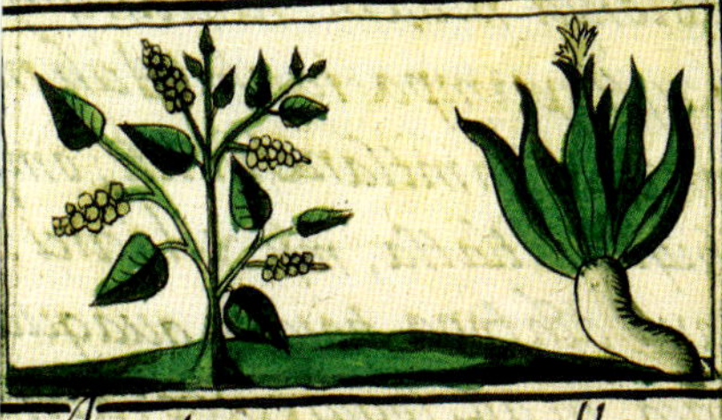

Ay otra yerua que se llama hiyiamoli. En ellas se hazen vnas maçanjtas negras y son muy amarcas son medicina de la caspa dela cabeça.

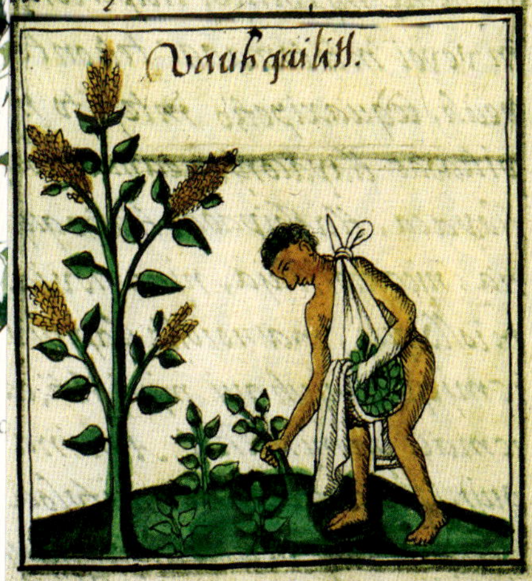

Tecpatli, tecpaolotl, çaçalic: auh çan no iuhquj mamolli, po tequjzpatli. In aquin mopoztequi, moquj çaloque moquappatzoa icmopepeltoa intecpatli: yoã tlamalonj, tlatlamalonj, ic maci in totome: çacatitech mopiloa in canjn imatlian, in tlaquaian totome: oncan momamana ic mahci, icmoçaloa: ic mjtva, motvcaiotia: tlaçalli: cacenca çaçaltic yoã icmoçaloa intvtome; tetech mochioa, çaçalivi. nitlatecpavia, njtecpavia, njtlatlaçalhuja.

Yiamoli, catzaoac: injquauhio pipiaztic, qujltic: injxiuhio tzotzotlaca, ixpipitzaoac, cacapollo, camopaltic; injcacapollo: quatequjx icivizpatli inj cacapollo.

Acocotli

petzicatl

Le terme ductus s'applique également à l'aspect général d'une écriture : un ductus carré, un ductus allongé. La rustica* est un ductus simple et étroit dans sa morphologie. La fraktur* en revanche possède un ductus composé de nombreux traits.

Empattement

Forme que revêt l'extrémité du jambage ou de la hampe d'une lettre. Il convient d'éviter les termes pied ou patin, qui sont impropres ou disgracieux.

Encre

Substance liquide, noire ou colorée, servant à écrire. Les encres calligraphiques sont de deux sortes : les encres au carbone et les encres métallo-galliques. Ces dernières peuvent parfois subir quelques modifications des ingrédients qui les composent ; on obtient ainsi les encres dites mixtes ou incomplètes.

Les encres au carbone se composent d'un pigment noir (généralement du noir de fumée) mélangé à un liant. Le noir de fumée peut être obtenu par combustion de résines, de bois ou d'huiles.

Le liant, quant à lui, peut être constitué de substances glucidiques (gomme arabique*, miel), protéiniques (colle de peau, gélatine, blanc d'œuf) ou lipidiques (huiles). L'encre utilisée en Égypte ancienne était de nature glucidique (noir de fumée et gomme arabique). L'encre de Chine, en revanche, possède un liant protéinique (colle de peau).

L'encre métallo-gallique complète est une encre qui se compose de trois éléments de base : des tannins, un sel métallique (de fer ou de cuivre) et un liant (gomme arabique). Lorsqu'une de ces trois substances est absente, l'encre est appelée incomplète. Si l'on ajoute à ces trois ingrédients de base du noir de fumée, on parlera d'encre mixte. L'adjonction du noir de fumée permet, en outre, de donner à l'encre une teinte sombre et veloutée.

Les encres colorées sont de nature diverse dans la mesure où elles utilisent différents pigments* faisant partie des matériaux destinés à l'enluminure. Pour l'encre rouge, on a utilisé le minium*, le vermillon et le bois rouge. Pour la bleue, on note l'azurite et le lapis-lazuli. Pour l'encre verte, on peut retenir surtout la malachite et le vert d'Espagne.

Concernant les encres modernes industrielles, il convient de préciser que ces types d'encres n'entrent pas dans cette classification, car elles ne répondent pas aux critères de base constitutifs d'une encre complète. Les encres métallo-galliques, en effet, utilisées depuis le XIIIe siècle, ont été composées pour obtenir une grande netteté de traits grâce à la gomme arabique qu'elles contiennent. Les encres industrielles, en revanche, n'en contiennent pas, ce qui leur confère une fluidité excessive. (Voir aussi Noix de galle.)

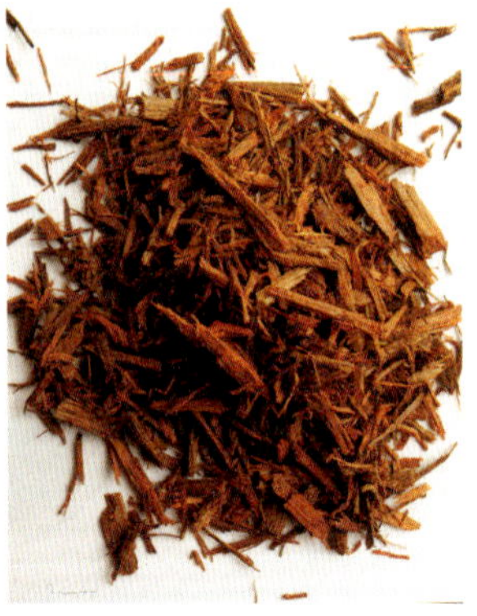

Bois de Campêche dont on incorpore les copeaux à l'encre.

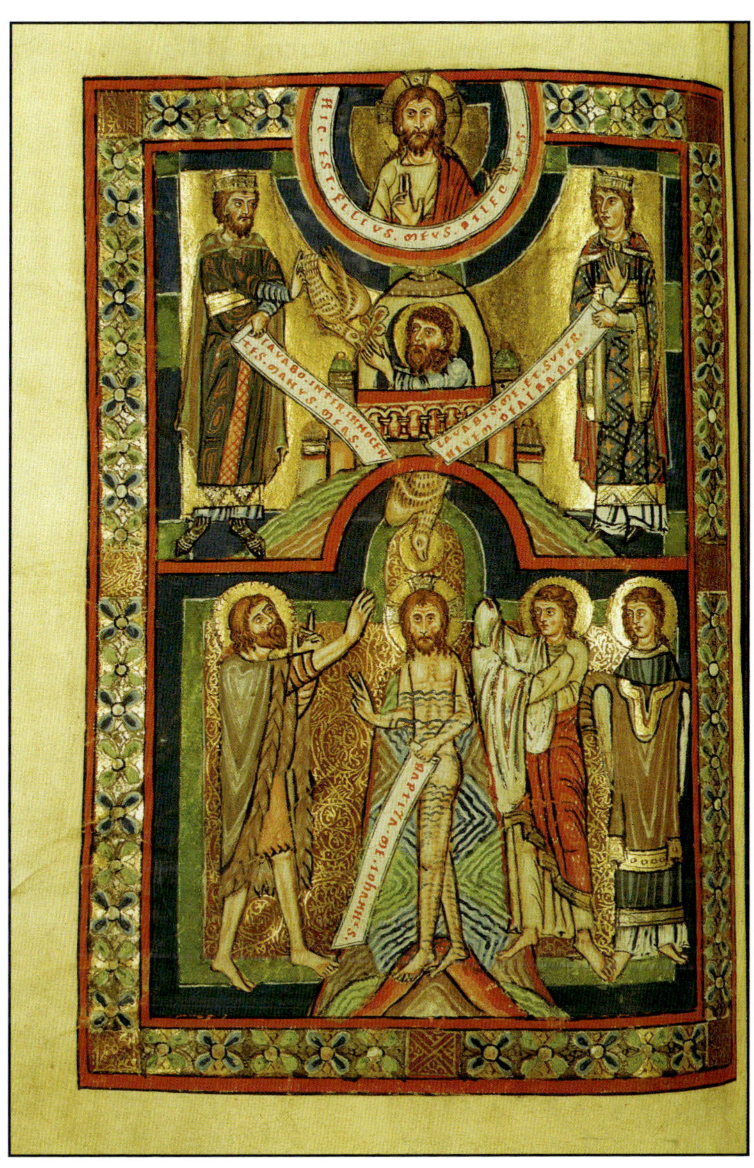

Evangéliaire de l'abbaye de Helmarschausen, vers 1190-1200. Trèves, Dombibliothek, ms. 142, f°54v°.

Épigraphie

Science qui étudie les écritures tracées sur des supports durables ; pierre, métal, terre cuite, os ou mosaïque.
Terme issu des mots grecs *epi* (sur) et *graphein* (écrire), l'épigraphie constitue une branche de la paléographie* dont elle utilise certaines méthodes. Les écritures épigraphiques se divisent en plusieurs types : épitaphes, inscriptions dédicatoires, inscriptions honorifiques, inscriptions sur les édifices.

Évangéliaire

Livre comprenant le texte complet des quatre Évangiles servant à célébrer la messe.

FORME

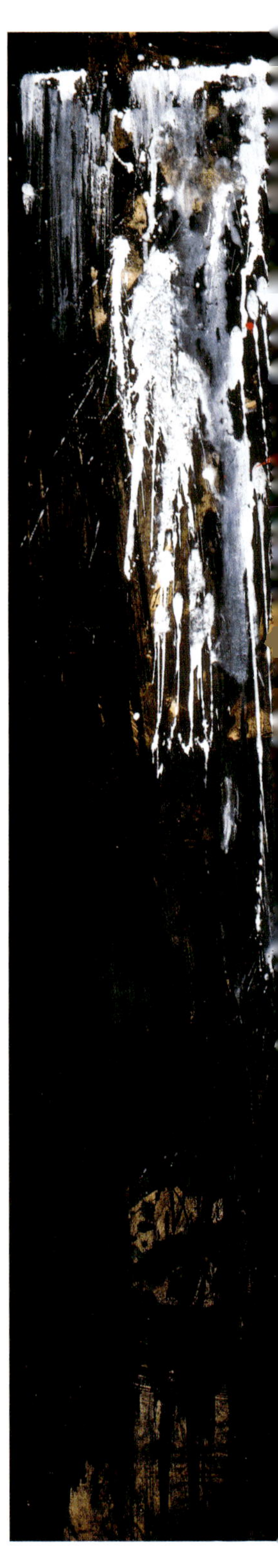

État sous lequel nous percevons un objet. Contour d'un objet ou du corps d'une personne. Dans la tradition philosophique issue de l'Antiquité, la forme, distincte de la matière, est idée, modèle et principe d'action. Chez Descartes, la forme devient une portion d'espace limitée par les contours de l'objet. Elle se définit par divers paramètres : les contours, la direction, le contraste et la tension*. À ces éléments, on pourrait ajouter la matière ou la texture, qui est susceptible de modifier fortement l'aspect formel.

Le premier de ces paramètres est le plus important, car l'identité de la forme est donnée par les contours. L'égalité, l'absence de contraste, le faux mouvement, l'indécision altèrent la forme et, par là même, anéantissent tout rapport émotionnel avec le spectateur. Si l'on se place du point de vue de la perception, toute création abstraite calligraphique repose sur la notion de richesse et de vie intérieure des formes. Ce principe consiste à distinguer les éléments plastiques vivants et pertinents des traits mort-nés, inconsistants et inexpressifs, qui représentent autant de déchets formels préjudiciables à la composition. Ainsi, l'idée de force qu'il convient de faire ressortir est la notion de non-expression, élément essentiel dont la nature est en mesure de bouleverser bien des idées reçues. Tous les éléments plastiques, en effet, ne sont pas les bienvenus dans une œuvre donnée. Certaines formes ou configurations sont si pauvres au niveau de l'expression et de l'énergie interne que toute vie en est absente.

Claude Mediavilla, 1996. Peinture sur bois, et technique mixte.
Format : 195x130 cm.

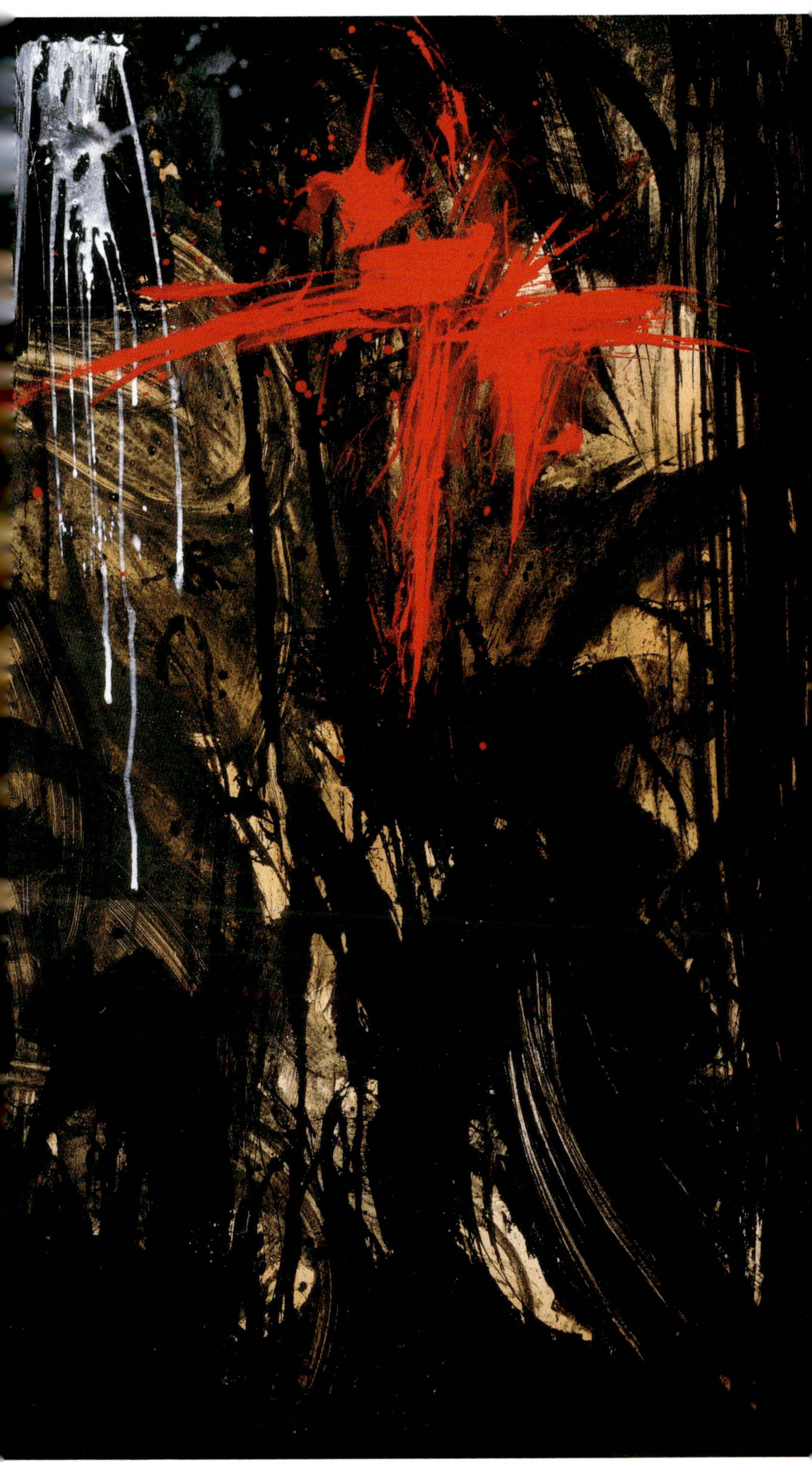

Mensuras viarum nos miliaria dicimus. Greci stadia.
galli leucas. egipcij signes. Perse parasangas. Sunt
autem proprie queque spatia. Miliarium mille passus
terminatur. Leuca finitur passibus quingentis. Stadium est octaua pars miliarij. habens passus centum
viginti quinque. Hoc primum herculem statuisse dicit.
eiusque spatium determinasse. quod ipse sub uno spiri-
tu confecisset. Ac proinde stadium appellasset. quoniam in fine respirasset et stetisset. Socrates ait. Pre-
sentem laudare. et absentis famam lede minime decet.

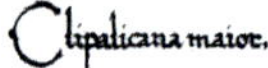

Ecriture gothique, fraktur. Page extraite de l'ouvrage de L. Wagner, 1507.

FRAKTUR

Type d'écriture gothique utilisé dans les pays de l'aire germanique à partir du XVIe siècle. Son appellation est issue du mot latin *fractus,* qui signifie brisé, découpé. La gothique fraktur est le reflet de l'emprise singulière de la Renaissance sur les arts, la calligraphie ne faisant pas exception à la règle. L'esprit baroque allemand a visiblement participé de cette création. En témoignent les pages éclatantes calligraphiées par Albrecht Dürer et les artistes graphiques originaires du sud de l'Allemagne, tels Neudörffer, Peschel ou Wolfgang Fugger. Il faut chercher les origines de la fraktur dans certains modèles de bâtarde* comme la *Schwabacher,* utilisée notamment en 1517 par l'imprimeur Hans Schönsperger.

Cependant, dès 1507, le calligraphe bénédictin Leonhard Wagner donne dans son ouvrage *Proba centum scriptuarum* le premier spécimen d'écriture fraktur. Mais c'est à Johann Neudörffer l'Ancien que l'on doit le premier ouvrage consacré à ce style, *Eine gute Ordnung,* en 1528.

D'autres maîtres, comme Caspar Neff, Urban Wyss et Wolfgang Fugger, ont participé d'une manière notable à l'effort créatif et au développement de la fraktur. Au cours du XVIe siècle, elle va s'imposer dans les chancelleries et devenir un style calligraphique officiel. Sous l'influence de la cursivité et de certains aspects décoratifs, il en résulte, au XVIIe siècle, le style dit *Kanzlei,* ou écriture de chancellerie, qui donnera à son tour la *Kurrentschrift,* écriture courante allemande utilisée jusque vers 1940.

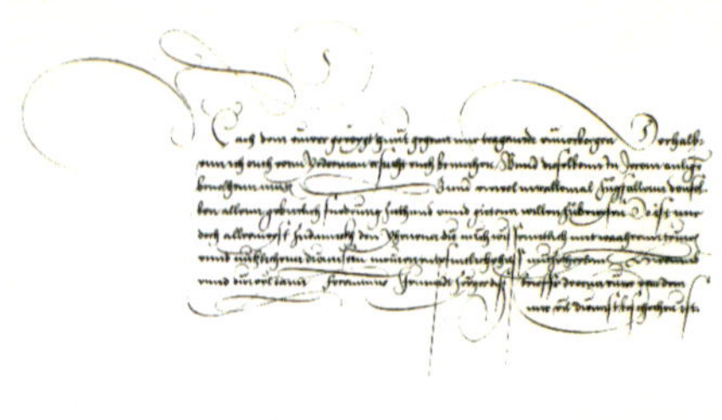

C. Mediavilla, 1995. Gothique cursive calligraphiée sur vélin, XVe s.

GOTHIQUES

Appellation correspondant à différents types d'écritures qui ont succédé à la minuscule caroline. La gothique, qui se caractérise par des lettres aux jambages brisés, fut utilisée du XIe au XVIe siècle. Le nom de « gothique » fut attribué à cette lettre par dérision et nullement en raison d'un rapport quelconque avec les anciens Goths.

Le mouvement décisif conduisant au type gothique est issu de la France septentrionale, notamment du royaume anglo-normand. La formation de la lettre gothique a, en effet, très tôt subi l'influence des scribes anglo-saxons, dont l'emploi de la plume* à bec biseauté vers la gauche a favorisé cette création.

Le nombre des écritures livresques gothiques est considérable. Toutefois, il est possible de distinguer les principaux types en adoptant la nomenclature acceptée par la plupart des paléographes :

de 1070 jusqu'au début du XIIIe siècle apparaît la gothique primitive. Du XIIIe au XVe siècle, nous notons la gothique textura ou lettre de forme, qui se divise en cinq types successifs. Le terme *textura* signifie tissé et évoque l'aspect d'une trame régulière ;

entre le XIIIe et le XVe siècle se développe la gothique *rotunda* *ou gothique ronde, utilisée dans les pays du Sud : Italie, Espagne, midi de la France.

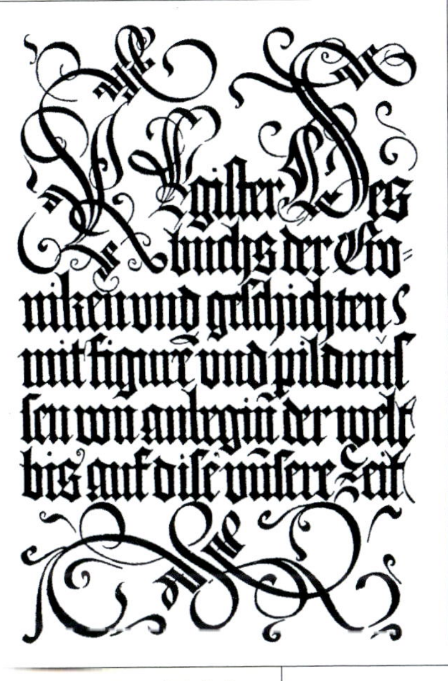

Page de titre extraite de la *Chronique* de H. Schedel. Gothique textura, gravure sur bois, 1493.

Elle représente le type de la lettre de somme dont l'alphabet servit à imprimer la *Somme* de saint Thomas d'Aquin.

Au XVIe siècle naît l'écriture *fraktur*, employée dans les pays de l'aire germanique : Suisse, Autriche, Allemagne. Créée en 1507 par le moine Leonhard Wagner, le grand maître de la *fraktur* *sera Johann Neudörffer l'Ancien, actif à partir de 1519.

La gothique cursive*, créée au XIVe siècle, répond au besoin grandissant d'écriture et d'expédition. Le monde de l'Université sera un grand propagateur de cette écriture.

La gothique bâtarde, en dernier lieu, apparaît à la fin du XIVe siècle dans le nord de la France et les Pays-Bas. C'est une forme intermédiaire entre la textura et les diverses cursives gothiques. Elle possède un aspect monumental et calligraphique. Signalons, en particulier, le style de la cour des ducs de Bourgogne, connu sous le nom de bâtarde* flamande et utilisé jusqu'au XVIe siècle.

Double page suivante : W. Schneider, 1992. Calligraphie en écriture fraktur d'après un aphorisme d'A. Dürer. Plume de métal et encre sur papier aquarelle, 65 x 50 cm.

Wir
Gem Sch
Dann
Gib
Frau

Sehn
ne Ding
Es
t Uns

Albrecht
ürer

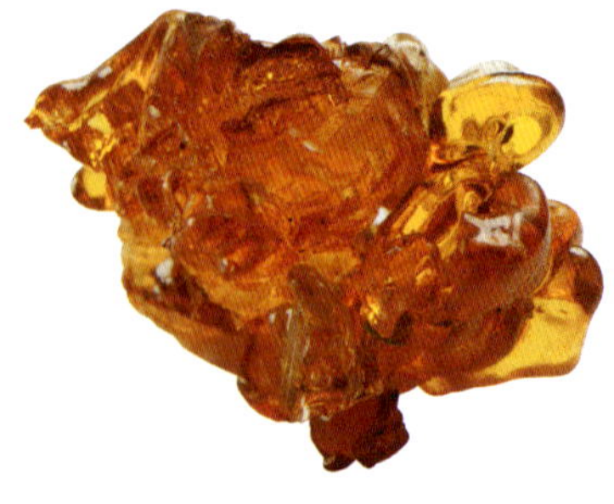

Gomme arabique en grain, l'un des liants de l'encre les plus répandus.

Gomme arabique

Substance solide ou de consistance visqueuse, de couleur miel, que l'on obtient par simple exsudation ou par incision du tronc de certains arbres tel l'*Acacia senegal*, ou *Acacia verek*, très répandu du Sénégal à la mer Rouge. C'est en raison du commerce très intensif qu'en firent les marchands ou les transporteurs arabes qu'elle porte ce nom.

Diluée à l'eau, la gomme arabique fut le liant glucidique le plus fréquent dans la peinture égyptienne et l'un des adhésifs les plus universellement connus (voir Encre).

Dotée d'un fort pouvoir hygroscopique, elle ralentit parfois le séchage. Nous pouvons ainsi admirer des œuvres très anciennes dans toute leur fraîcheur. Cette gomme fut surtout le liant utilisé en pays d'Occident dans l'enluminure, les livres manuscrits et l'aquarelle.

Au XVe siècle, dans certaines recettes, la gomme arabique est remplacée par celle d'arbres indigènes : cerisier, prunier ou abricotier.

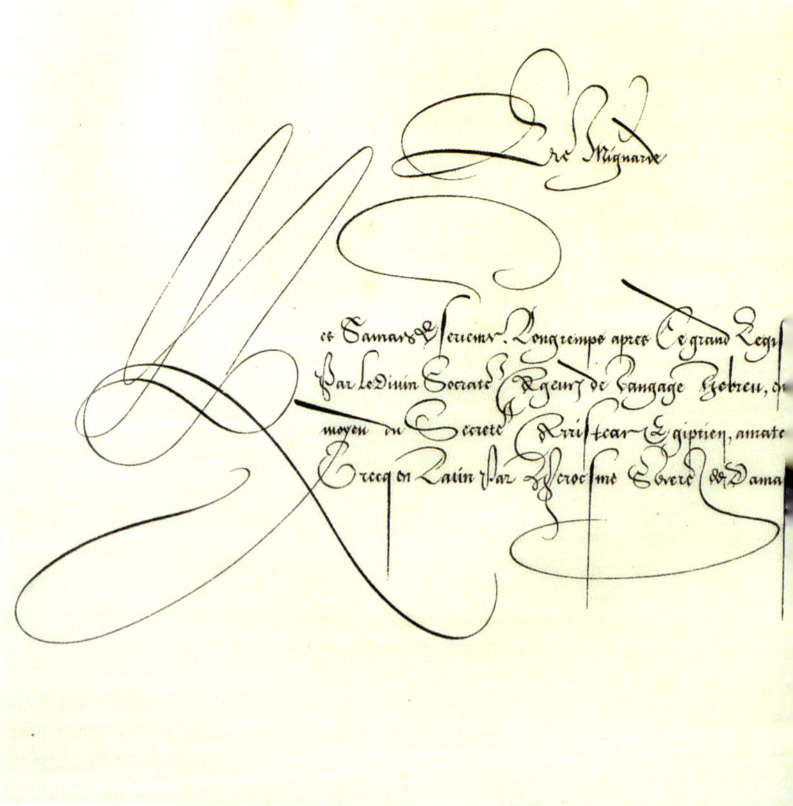

Hamon, Pierre

Calligraphe et miniaturiste de Charles IX, né à Blois vers 1530. Nous savons par les historiens qu'il fut le plus habile et le plus célèbre professeur de calligraphie du XVIe siècle. En 1567 paraît son ouvrage intitulé *Alphabet de plusieurs sortes de lettres,* par Pierre Hamon, Blésien, escrivain du Roy et secrétaire de sa chambre.

Comptant sur son adresse prodigieuse à reproduire toutes sortes d'écritures et sûr de la confiance du roi, Hamon, abusant de cette adresse, ose contrefaire la signature royale en faveur des huguenots, ses coreligionnaires. Il est convaincu de contrefaçon et pendu à Paris en 1569. En 1570, à la suite de cette affaire, Charles IX crée la Communauté des experts jurés, écrivains vérificateurs, avec à leur tête un syndic.

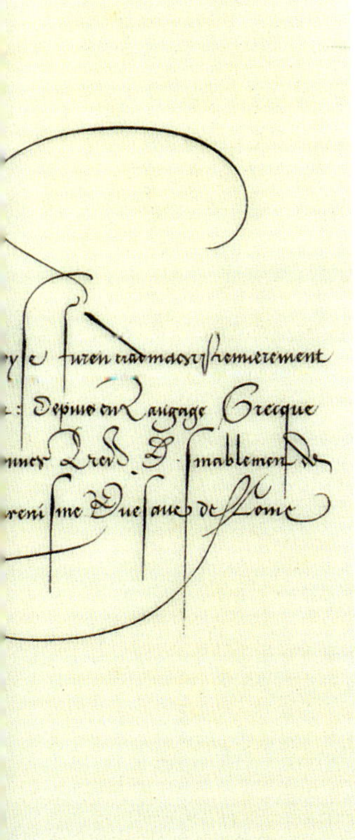

Pièce de gothique bâtarde calligraphiée par P. Hamon. Extrait de son ouvrage *Alphabet de plusieurs sortes de lettres,* 1567.

Hampe

Terme désignant le plein qui prolonge la lettre vers le bas. Exemples : p, q.

Haste

Terme désignant le plein qui prolonge la lettre vers le haut. Exemples : b, d, h, k.

Humanistique

Écriture des humanistes italiens du début du XVe siècle, fortement influencée par l'écriture caroline*. Pétrarque et Coluccio Salutati furent les initiateurs de la réforme humaniste de l'écriture. Ce mouvement intellectuel se proposait de renouer avec les splendeurs de la culture classique. L'humaniste étudie les textes anciens avec un regard neuf, exempt de tout préjugé. Ce concept nécessite une nouvelle mise en forme, une nouvelle calligraphie. Ainsi, les notes marginales ou les gloses calligraphiées par Pétrarque et Salutati peuvent être considérées comme les premiers spécimens d'humanistique primitive. De fait, la minuscule humanistique à proprement parler s'illustre sous l'influence du notaire florentin Poggio Bracciolini* (1380-1459), à qui l'on attribue sa création. *De verecundia,* son manuscrit le plus ancien, est daté de 1402. L'influence décisive de Poggio se manifeste surtout par les nombreux scribes* qu'il forme dans son scriptorium*. Mise au point par Poggio et ses disciples, la *lettera antica formata* ou humanistique ronde met une dizaine d'années pour

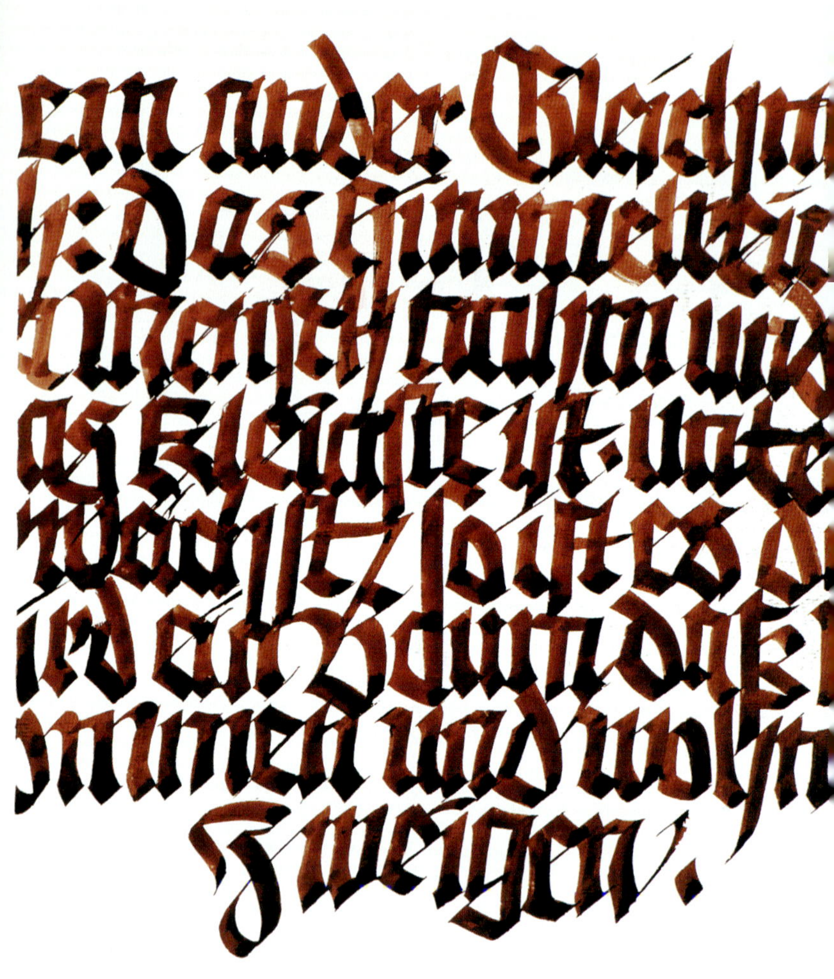

Ecriture gothique textura dans le style de R. Koch.

s'imposer en tant que graphie de luxe à l'usage du livre.
Giovanni Aretino, Antonio di Mario et Antonio Sinibaldi sont les principaux copistes du XVe siècle.
Le modèle humanistique a évidemment influencé l'imprimerie naissante. Le premier romain ou caractère droit inspiré de l'humanistique est l'œuvre de Conrad Sweynheim et Arnold Pannartz, et date de 1465.
On note ensuite le romain de Nicolas Jenson, gravé à Venise en 1470. En 1499, à la demande d'Alde Manuce, une célèbre copie du romain de Jenson est exécutée par le graveur de poinçons Francesco Griffo. Ce romain permit d'imprimer le très fameux *Songe de Poliphile*.

Koch, Rudolf
Calligraphe allemand né en 1876 à Nuremberg, mort en 1934 à Offenbach. Étudiant à

l'école d'art de Nuremberg, il choisit rapidement de quitter sa ville natale et obtient un poste dans une société de reliure à Leipzig, où il œuvre jusqu'en 1902. En 1906, il est engagé en tant que typographe à la fonderie de caractères Klingspor à Offenbach. Dans un environnement favorable, Rudolf Koch est en mesure de créer de nombreux caractères où il met en valeur sa vaste culture calligraphique. Après la Première Guerre mondiale, en 1918, il retourne à Offenbach comme professeur à l'école d'art.
La même année, il fonde le *Offenbacher Schreiber,* groupe de calligraphes dont il anime les activités. L'enseignement étant au centre de ses préoccupations, ses cours sont très recherchés et le nombre de ses élèves ayant atteint à la notoriété est très nombreux. On peut citer Friedrich Heinrichsen, Henri Friedlander ou Berthold Wolpe.

Lettrine

Lettre de grand format placée au début d'un chapitre ou d'un alinéa. La lettrine peut être de plusieurs sortes : ornée de motifs simples, enluminée d'entrelacs et de motifs floraux ou historiée de scènes comportant des personnages. Parfois, la lettrine ou initiale peut revêtir des formes extrêmement complexes et occuper la quasi-totalité de la surface du feuillet.

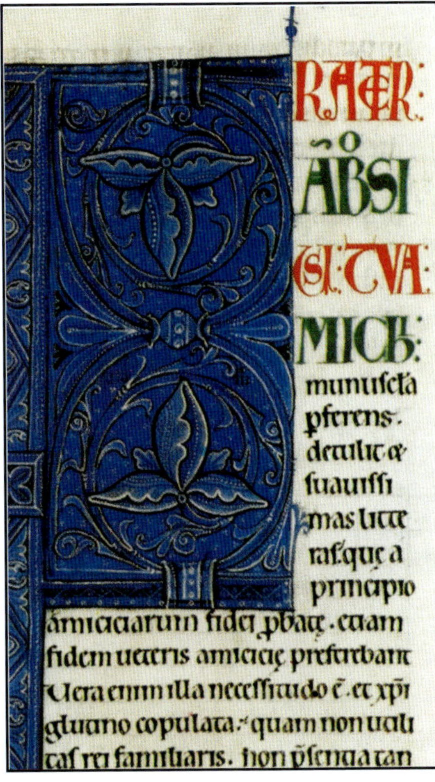

Lettrine F, Grande Bible de Clairvaux (détail), v. 1134. Bibliothèque municipale de Troyes.

Ligature

Petit trait délié qui relie deux lettres entre elles. Par exemple : sp, st, ct, sk. Dans l'écriture des chartes, les ligatures revêtent parfois des dimensions importantes. Par extension, on désigne aussi par ce terme l'ensemble des deux signes.

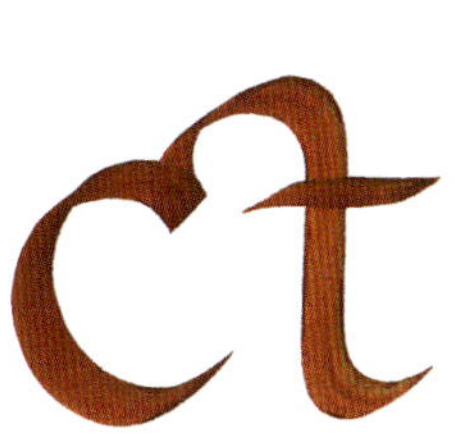

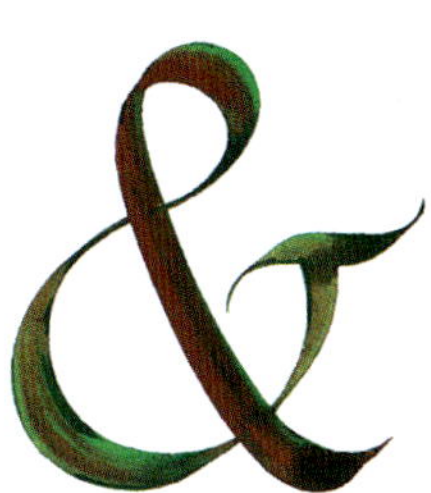

Deux modèles de ligatures, tracées au pinceau plat.

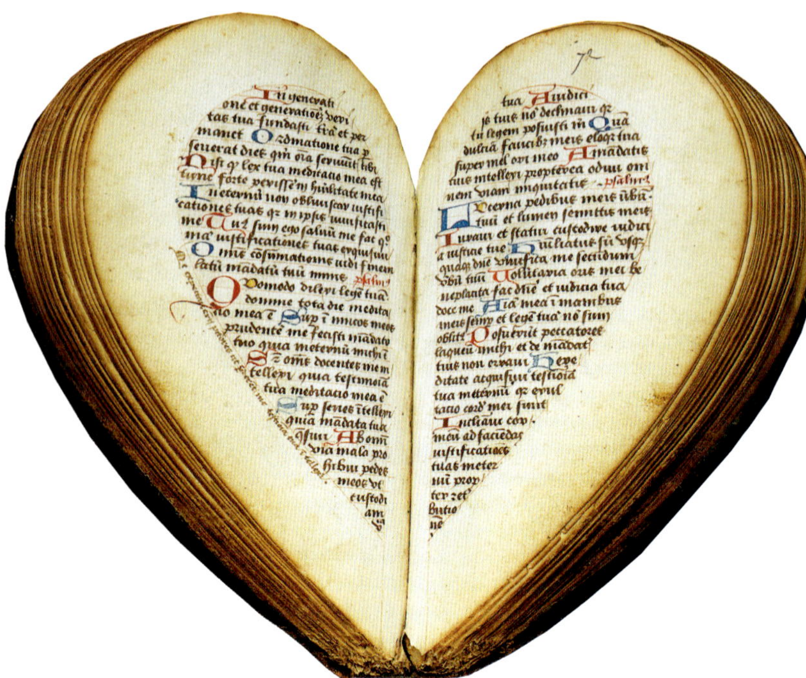

Livres d'heures à l'usage d'Amiens, Picardie, XVe s. Paris, B.N.F., Mss. occ. latin 10536.

Livre d'heures

Livre qui renferme toutes les prières de l'office divin des diverses heures canoniales du jour, à savoir matines, laudes, prime, tierce, sexte, none, vêpres et complies. Les livres d'heures à l'usage privé des laïcs font partie des plus célèbres manuscrits* enluminés du Moyen Âge.
Ils se caractérisent par leur très riche décoration, leurs bordures remplies de fleurs, d'oiseaux et d'animaux mythiques.
Ce type de manuscrits fut exécuté en très grand nombre, notamment en France, durant le XVe siècle.

P. Choisnet, *Le Livre des trois âges de l'homme.* Paris, B.N.F., Schmith-Lesouëf 70 19 ff., 1482-1483

Manuscrit

Ouvrage ancien écrit à la main sur papyrus, sur parchemin ou sur papier.

« Chacun voit l'apparence des choses, l'initié seul, en saisit l'essence, et la forme demeure un mystère pour la plupart des gens. »

J.-W. Goethe.

Materot, Lucas

Maître calligraphe né en Bourgogne vers 1570, qui, par ses talents s'acquit le titre de citoyen d'Avignon, ville où il fut maître d'écriture, attaché à la chancellerie du légat du pape. Calligraphe doté d'un réel génie, il publie en 1608 un ouvrage admirable intitulé *Les Œuvres,* composé de quarante-

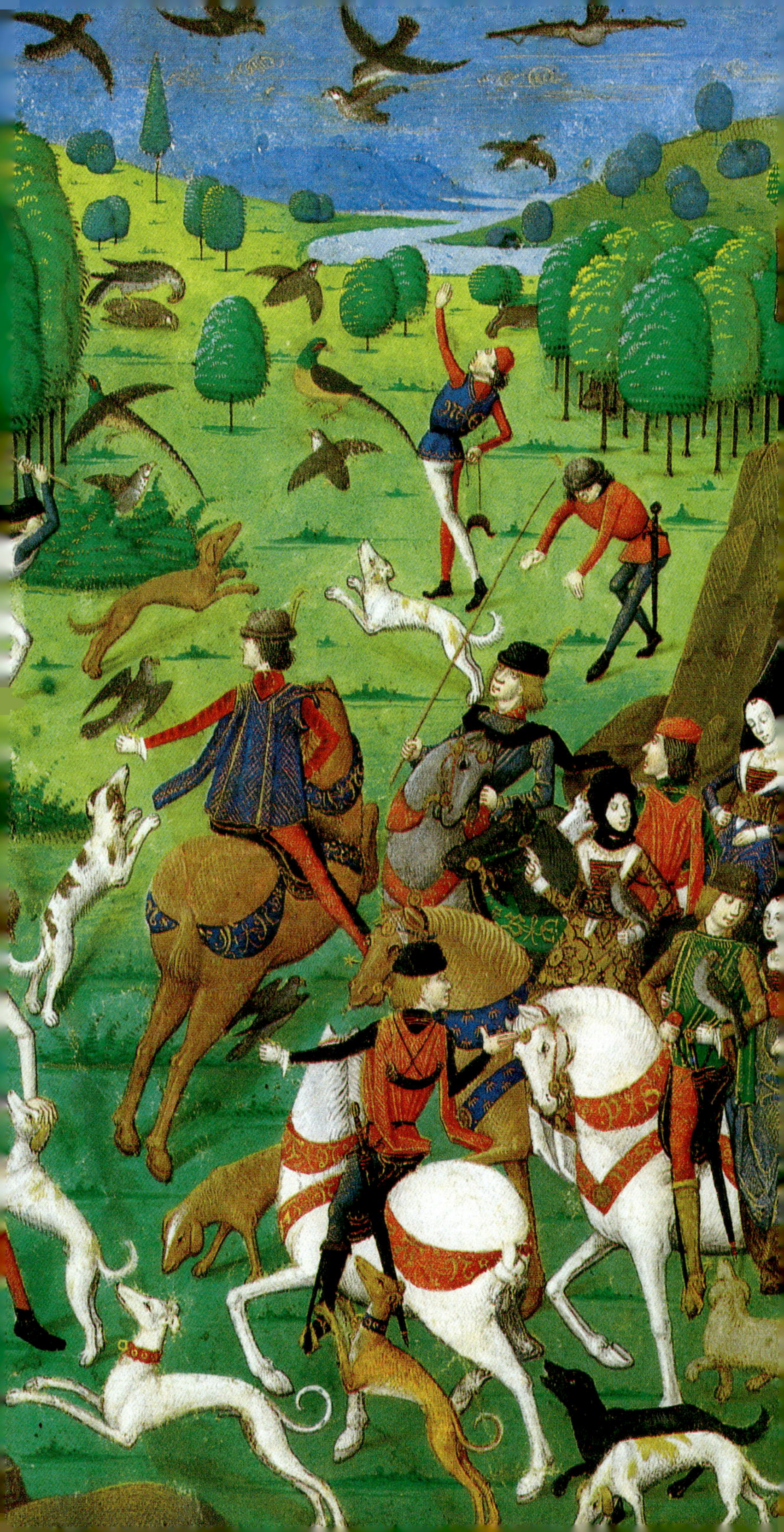

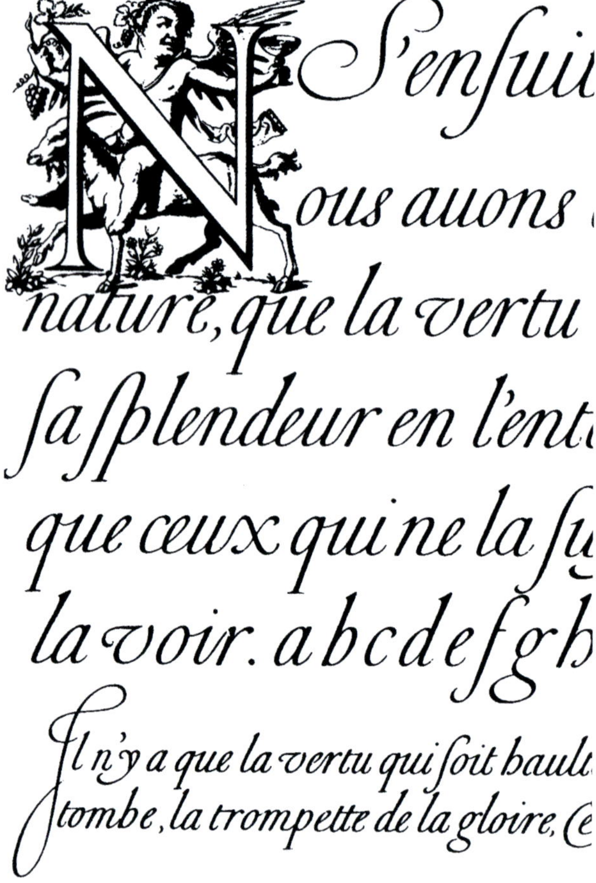

L. Materot, planche gravée de son ouvrage *Les Œuvres*, 1608.

huit planches gravées, il y présente une version de la bâtarde* italienne, modernisée, qui sera admirée dans toute l'Europe et sera le point de départ de l'écriture anglaise.

Maurdramnus

L'abbé Maurdramnus, mort en 778, dirigea le scriptorium* de l'abbaye de Corbie, près d'Amiens. Selon toute probabilité, il est responsable du premier spécimen d'écriture caroline primitive. On en trouve un excellent modèle dans la célèbre bible d'Amiens, dite de l'abbé Maurdramnus, calligraphiée sous son abbatiat.

L'abbé de Cîteau et l'abbé de Saint-Vaast offrant la maquette de leur abbaye à la Vierge. Miniature du XIIe s. Dijon, bibliothèque municipale.9=

Miniature

Terme issu du latin *minium**, qui désigne la couleur rouge tirée de l'oxyde de plomb servant à tracer les initiales. Plus tard, ce mot s'applique aux petits tableaux parfaits de dessin et de coloris qui illustrent les manuscrits du Moyen Âge.

Minium

Pigment* rouge orangé qui se compose de tétroxyde de plomb, Pb3O4, identique dans sa composition au minerai prélevé dans la nature. Le minium figure parmi les pigments artificiels les plus anciens. Il est attesté en Chine dès le Ve siècle avant J.-C.

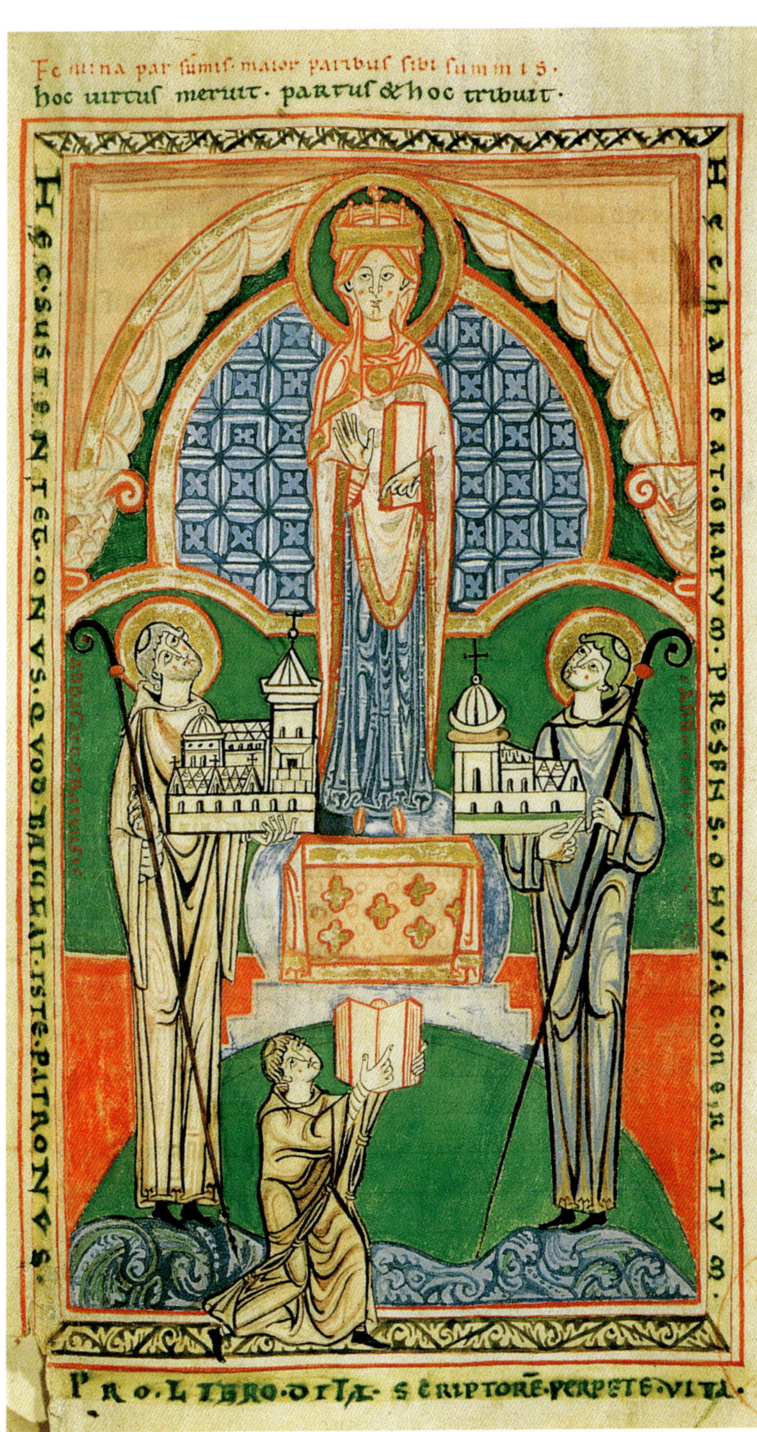
Femina par summis. maior patribus sibi summis.
hoc uirtus meruit. partus & hoc tribuit.
Hec. habeat. gratum. presbys. opus. ac. oneratum.
PRO. LIBRO. DITA. SCRIPTORE. PERPETE. VITA.

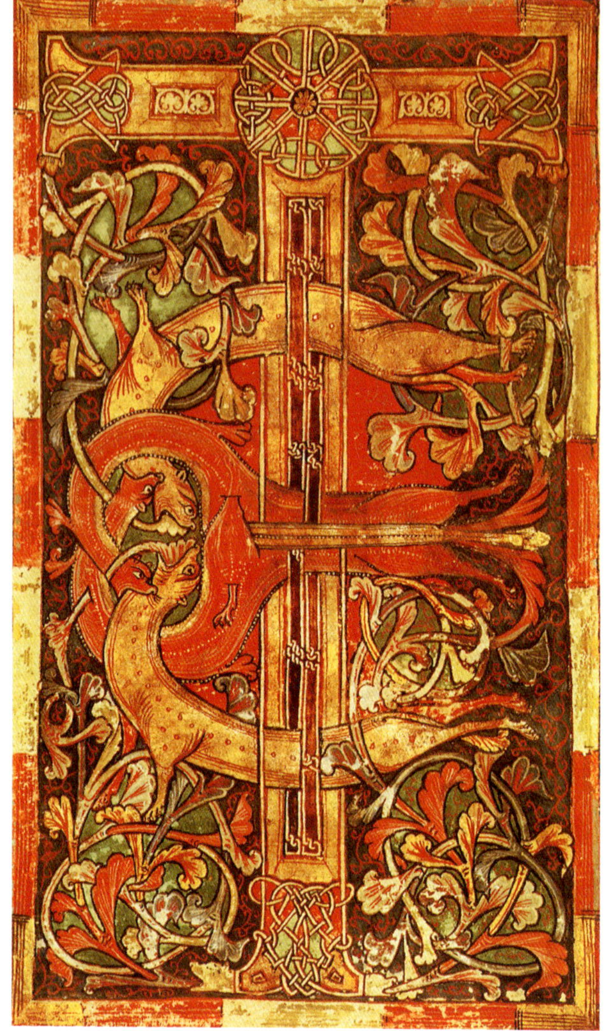

Missel de Limoges, XIIe s. Paris, B.N.F., ms latin 9438, page de droite f°57, cidessous f° 59v°.

Noix de galle laissant apparaître l'orifice par lequel l'insecte Cynips est libre de s'échapper.

Missel

Livre contenant le total des prières, lectures et textes des cantiques pour l'année ecclésiastique de l'Église catholique romaine.

Noix de galle

On donne le nom de noix de galle à des excroissances provoquées par la piqûre d'un insecte hyménoptère, le *Cynips gallae tinctoriae*, sur les jeunes pousses du chêne *Quercus infectoria*, petit arbre haut d'environ deux mètres, originaire d'Asie Mineure et des côtes de la Méditerranée. Ce végétal est particulièrement sujet aux attaques de l'insecte, qui y dépose ses œufs.

Les sucs de l'arbre se rassemblent en cet endroit et forment l'excroissance nommée galle. Comme les galles sont plus estimées lorsqu'elles contiennent l'insecte, elles sont ordinairement récoltées vers le milieu de juillet, avant que le cynips ne s'échappe.

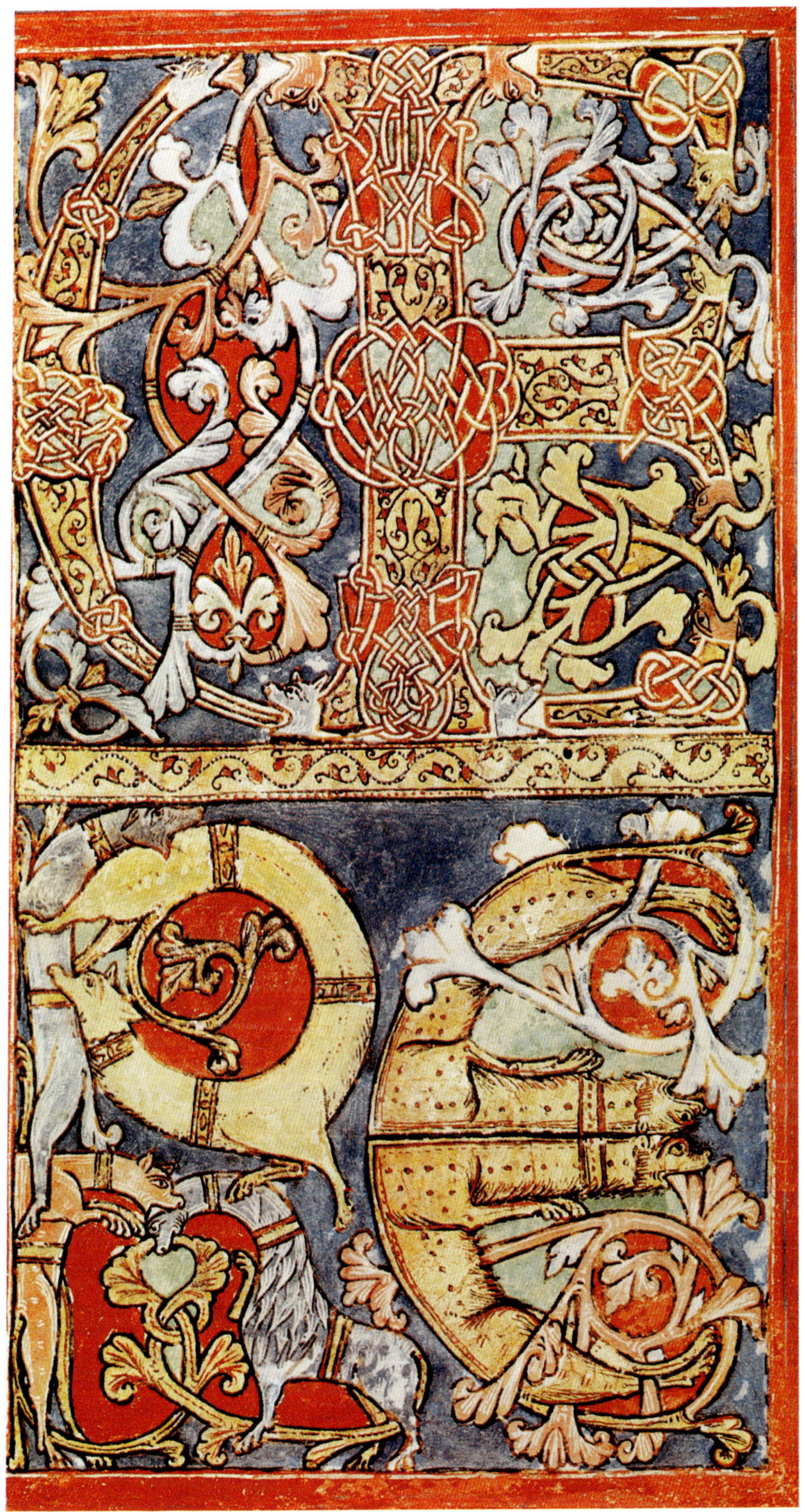

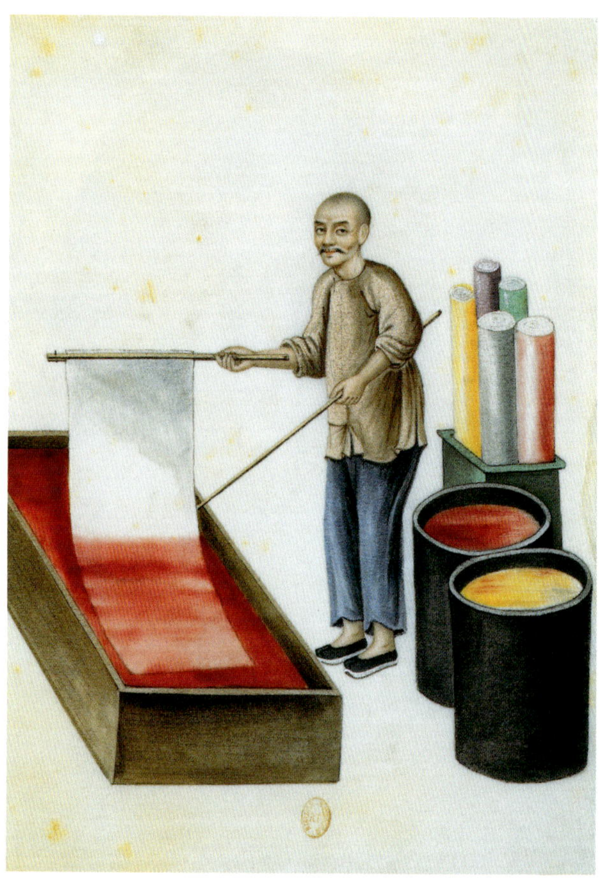

Fabrication du papier en chine (la coloration). Peinture sur papier de riz, XIXe s. Paris, B.N.F., Estampes. Oe 112 pt fol.

Papier

D'après les chroniqueurs, l'origine du papier se situe en Chine au IIe siècle de notre ère. C'est en l'an 105 qu'un officier chinois du nom de Tsaï Lun, habitant de la province de Canton, semble avoir été le premier à mettre en œuvre un procédé réunissant diverses matières végétales : écorces de mûrier, chiffons de chanvre, bambou. Ce procédé technique fut gardé secret jusqu'en 751, époque où se déroula près de Samarkand une bataille entre Chinois et Arabes. À l'issue de cette confrontation, des prisonniers chinois révélèrent le secret de la fabrication du papier. Ainsi, les Arabes jetèrent les bases d'une véritable industrie papetière, qui parviendra jusqu'en Occident, utilisant la route classique des caravanes.

En 950, on retrouve le papier au Maghreb. L'Espagne, en 1050, est le premier pays européen à posséder une fabrique de papier située à Játiva. Après l'Italie (1250), la France paraît jouer un rôle prééminent dans la fabrication du papier, de 1500 jusqu'à la fin du XVIIe siècle.

Le papier est une matière composée d'une pâte de fibres végétales, étalée en une couche mince, mise ensuite à sécher. Le mot « papier » dérive du latin *papyrus,* roseau d'Égypte.

Fragment d'une feuille de papyrus déstinée à la calligraphie.

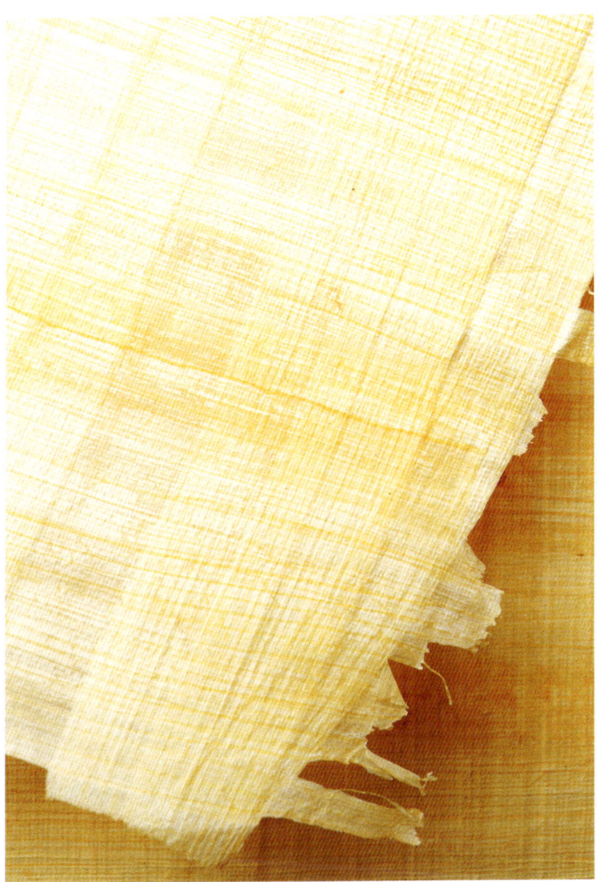

Les papiers sont de deux sortes : les vergés et les vélins. Jusqu'au milieu du XVIIIe siècle, tous sont vergés, c'est-à-dire qu'en transparence ils présentent de fines rayures sur la longueur de la feuille.

Le vélin*, en revanche, ne possède aucune rayure dans la mesure où, par définition, il cherche à imiter la peau d'un veau mort-né. Les premiers vélins furent élaborés en Angleterre vers 1750.

En ce qui concerne les papiers modernes destinés à la calligraphie, les papiers pur chiffon, faits à la main, sont recommandés pour les travaux définitifs ou ayant un caractère soigné. On peut ainsi utiliser des papiers Arches et Lana, possédant parfois une surface grainée. Pour les papiers étrangers, on note Hahnemühle, Steinbach, Barcham Green et Fabriano.

Papyrus

Plante qui croît en abondance sur les bords du Nil, de l'Euphrate et en Nubie. Terminé à son sommet par un panicule végétal très décoratif, le *Cyperus papyrus,* de la famille des Cypéracées, peut atteindre quatre mètres de hauteur et un diamètre de dix centimètres. Les Égyptiens transformaient le papyrus en feuille en débitant sa tige en lamelles étroites, qui étaient

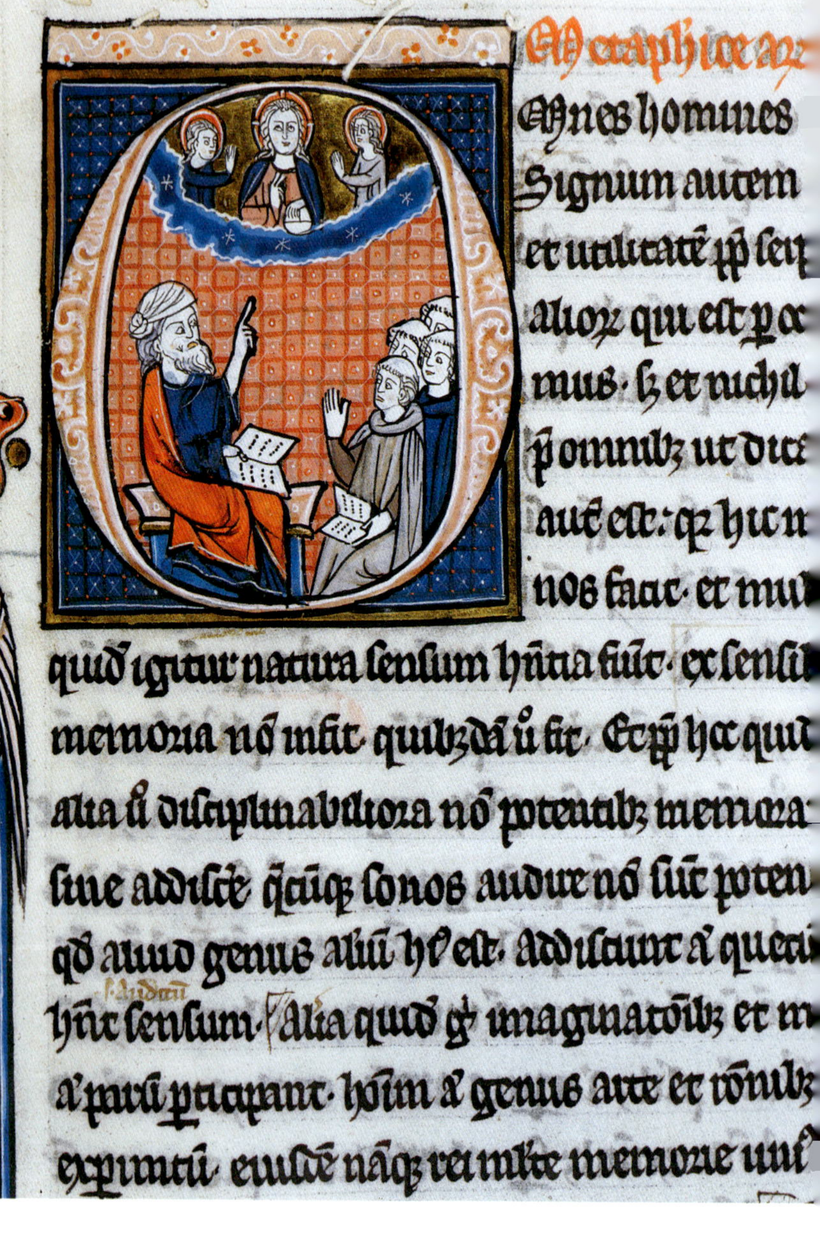

Metaphisice ar

Omnes homines

Signum autem

et utilitatē ꝑp seip

aliorum qui est per oc

mus. sed et nichil

p omnib; ut dice

aut est: q hic n

nos facit. et mu

quod igitur natura sensum hn̄tia fiūt. ex sensu

memoria nō inest quibusdam ū fit. Et ꝑp hoc quia

alia sunt disciplinabiliora nō potentib; memorare

sine addiscere quecumque sonos audire nō sūt poten

quod aliud genus aliud hẽ est. addiscunt a queti

s. audiunt

hñt sensum. Alia quidem igr imaginationib; et me

a parū participant. hoīm a genus arte et rōnib;

experimentū. eiusdē namque rei multe memorie uni

« Aristote enseignant à des clercs occidentaux », extrait de l'ouvrage *Métaphysique* d'Aristote, fin du XIIIe s.

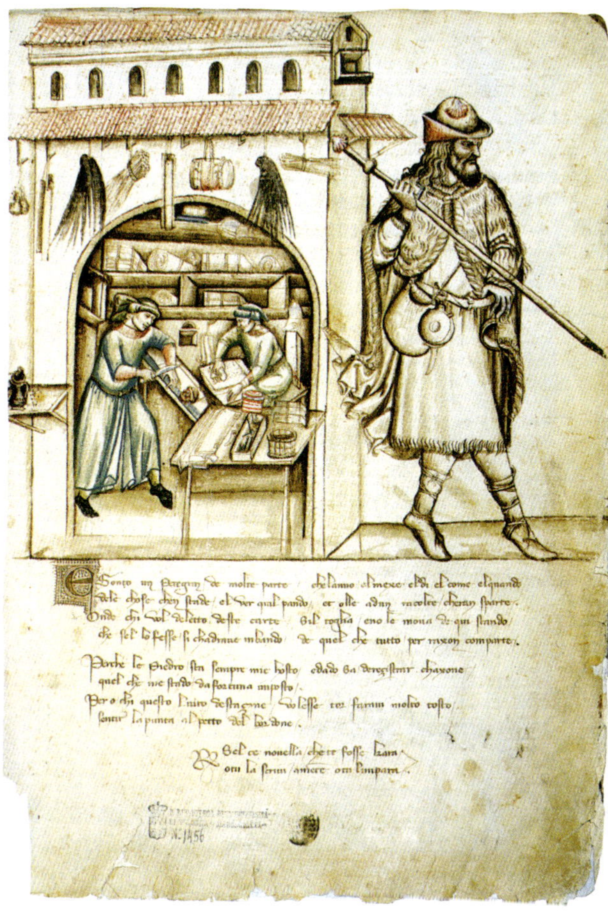

Un atelier de parcheminiers au xve s. Illustration extraite de *Chronique*, ouvrage de F. da Villola.

ensuite assemblées et collées. Par extension, le terme papyrus désigne la feuille ainsi obtenue.
Le papyrus, ancêtre du papier*, remonte à une haute antiquité, puisque certains spécimens retrouvés ont plus de trois mille ans. Cependant, le plus ancien parvenu jusqu'à nous est le *Prisse,* papyrus découvert par Émile Prisse d'Avennes, qui date de la Ve dynastie, soit 2400 av. J.-C. L'industrie du papyrus prospéra pendant des siècles, notamment à Alexandrie, qui continua son négoce même après la chute de l'Empire romain.

Parchemin

Peau finement tannée, utilisée autrefois comme support de l'écriture. Terme issu du grec *pergamênê,* peau apprêtée à Pergame, ville de l'actuelle Turquie. L'usage du parchemin fut réintroduit chez les Grecs par Eumène II, roi de Pergame de 197 à 159 av. J.-C. En raison de la pénurie de papyrus, Eumène se vit dans l'obligation de stimuler la production de ce matériau, car il était impatient de voir prospérer sa bibliothèque face à celle de son rival Ptolémée.
Le parchemin peut être confectionné à partir de peaux de

mouton, de chèvre, de chevreau. Lorsqu'il provient du veau, il est appelé vélin*. Le parchemin est resté en usage pour les actes officiels bien après l'invention du papier* et exclusivement pour les titres de noblesse jusqu'à la fin du XVIe siècle.
Liant de nature protéinique, obtenu à partir de lambeaux ou de restes de parchemin mis à macérer puis à cuire dans de l'eau, la colle de parchemin a fréquemment été utilisée au Moyen Âge comme liant des pigments de l'enluminure.

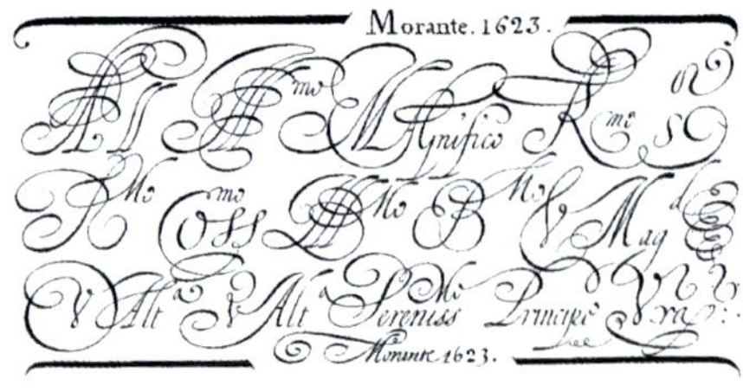

Exemples d'abréviations d'écriture de chancellerie.

L. degli Arrighi, page de son ouvrage, *La Operina*, 1522.

Passes

Dans le vocabulaire du XVIIIe siècle, les passes sont des mots auxquels on a retranché plusieurs lettres tout en leur ajoutant différents traits de plume ou arabesques*. Les passes se tirent avant tout de la ronde*. Au XVIIe siècle, le calligraphe Nicolas Lesgret utilisait le terme « hâtes », pour désigner la même chose.

Pétrarque

Poète et écrivain italien né à Arezzo, en 1304, et mort à Arqua, près de Padoue, en 1374. Alors qu'il est encore très jeune, sa famille est contrainte à l'exil. Son père choisit de s'installer en Avignon, ce qui permet à Francesco Pétrarque de poursuivre ses études à l'université de Montpellier puis à celle de Bologne. En 1326, il revient en Avignon, où il reçoit les ordres mineurs. L'année suivante, à l'église Sainte-Claire d'Avignon, il fait la connaissance de la belle Laure de Noves, pour laquelle il éprouve une forte passion, événement qui marquera très fortement sa future vie littéraire et suscitera des œuvres comme les *Triomphes* et les *Rimes*, où il glorifie le charme et l'élévation spirituelle de Laure.
Grand admirateur de Cicéron et de Virgile, Pétrarque est marqué par une grande fascination pour l'Antiquité. Parallèlement à son œuvre poétique et allégorique, il développe une riche et féconde activité d'humaniste, découvrant des manuscrits classiques avec l'aide de ses disciples, Coluccio Salutati et Poggio Bracciolini*. Pétrarque peut être considéré comme le véritable inspirateur de la réforme humanistique de l'écriture.

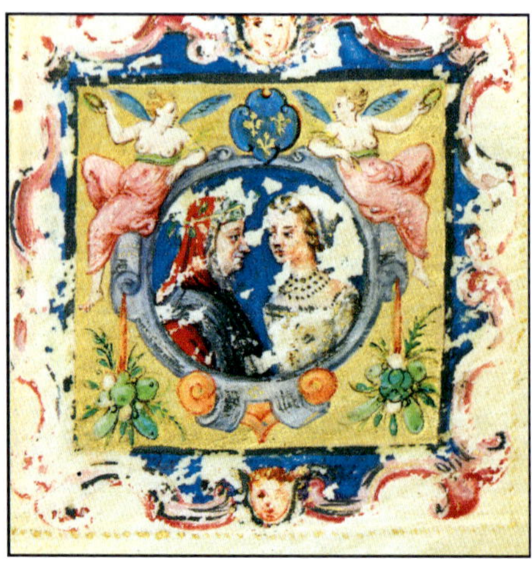

Pétrarque et Laure de Noves, miniature du XVIe s. Chantilly, musée Condé, ms. 600/1322, f° 2.

Pied-de-mouche

Petit élément décoratif que les scribes du Moyen Âge posent à l'intérieur de certaines lettres capitales*. Ces mouches sont souvent de couleurs alternées rouge et bleue et n'ont d'autre but que de flatter le regard et de conférer aux textes un éclat particulier.

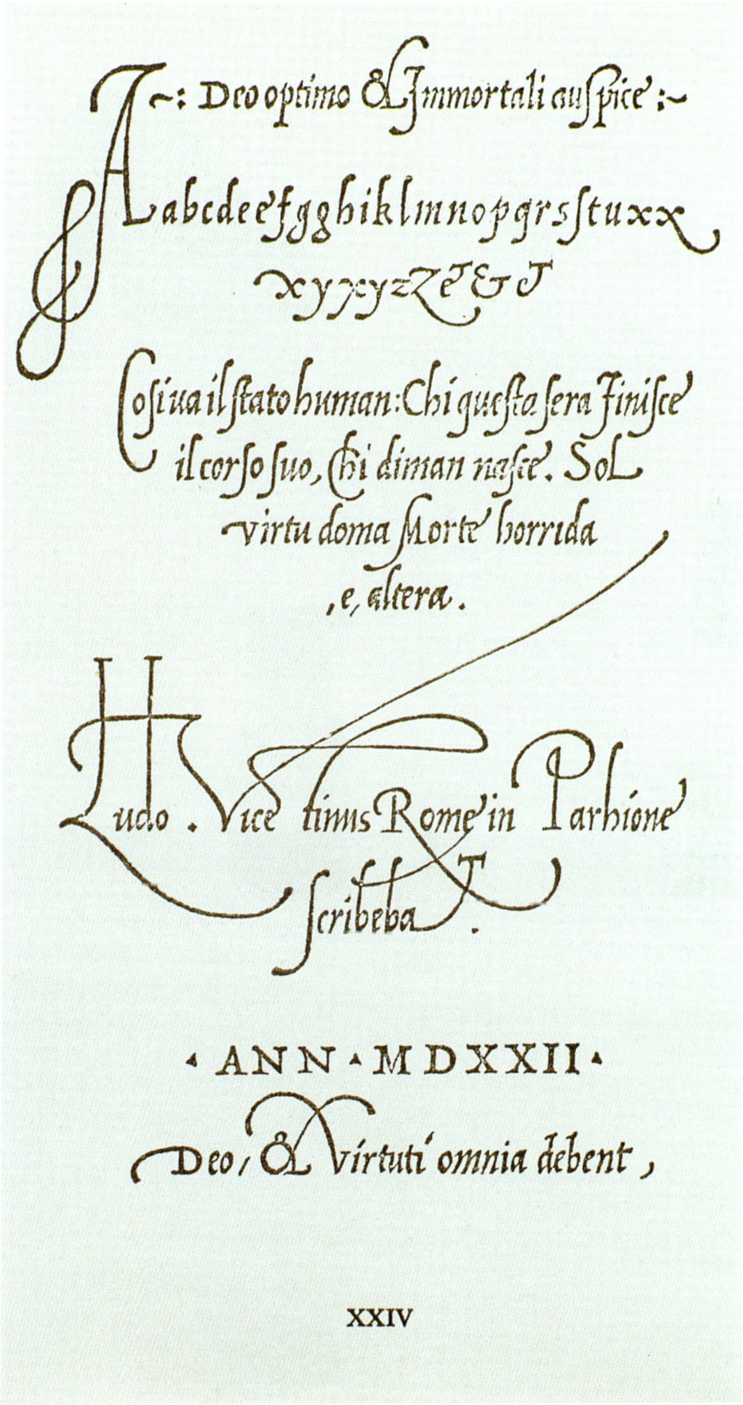

A :: Deo optimo & Immortali auspice :-

Aabcdeefgghiklmnopqrsstuxx
xyyyzZ&&

Cosi va il stato human: Chi questa sera Finisce
il corso suo, Chi diman nasce. Sol
virtu doma Morte horrida
e altera.

Ludo. Vicentinus Rome in Parhione
Scribebat.

· ANN · MDXXII ·

Deo, & Virtuti omnia debent,

XXIV

PIGMENTS

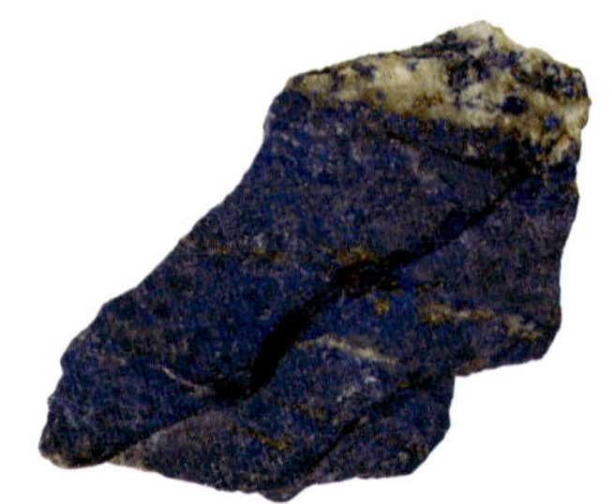
Lapis-lazuli.

Matière d'origine organique, minérale ou métallique généralement réduite en poudre qui, associée à un liant, permet d'obtenir une substance colorante.
Mot issu du latin *pigmentum*, signifiant épice.
Du point de vue physico-chimique, une substance est considérée comme un pigment si elle absorbe la lumière visible. Il existe trois sortes de pigments : les pigments azotés (les mélanines, la chlorophylle et la flavine), les pigments non azotés (les carotènes) et les pigments divers (les indigos, les anthocyanes). Les mélanines sont associées aux couleurs sombres, les chlorophylles aux couleurs vertes des végétaux, les flavines à la coloration jaune vif. Les carotènes sont responsables des couleurs jaune orangé et rouge. Les anthocyanes, enfin, offrent les colorations bleues. Les principaux colorants se composent de pigments organiques et inorganiques. Les premiers sont obtenus à partir de matières vivantes et se divisent en substances animales (carmin de cochenille, noir d'ivoire, noir de seiche) et substances végétales (bleu indigo, vert d'iris, curcuma, tournesol). Les pigments inorganiques correspondent à des substances extraites des minéraux ou des métaux (malachite, lapis-lazuli, cinabre, azurite). Les pigments de synthèse préparés chimiquement font partie de ce groupe (outremer français, vermillon, cobalt).

Lapis-lazuli : pierre d'un bleu profond qui, finement réduite en poudre, donne le pigment bleu outremer. Le lapis-lazuli est un silicate double d'aluminium et de sodium.

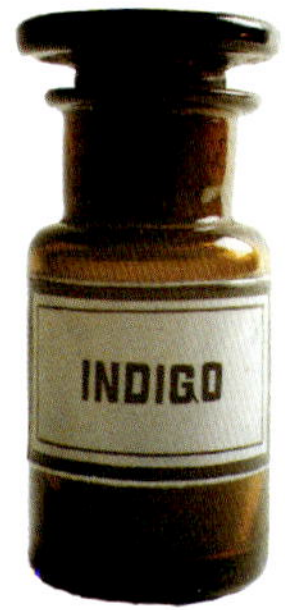

Indigo : substance colorante bleu foncé, tirée de l'indigotier, plante papilionacée originaire de l'Inde dont une espèce l'*Indigofera tinctoria*, sert à obtenir cette couleur.

Vermillon : pigment rouge orangé composé de sulfure rouge de mercure (HgS), utilisé pour tracer les lettrines des manuscrits. La mine d'Almaden, en Espagne, est la principale source d'approvisionnement en sulfure de mercure.

Vermillon

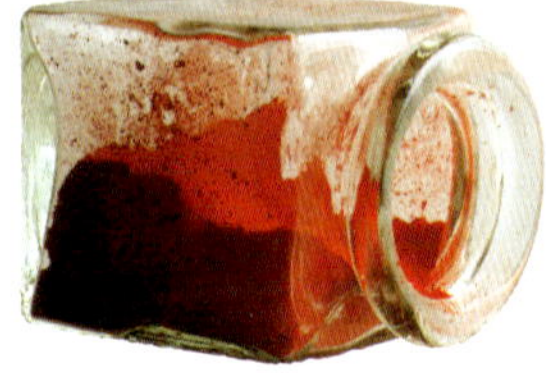

Azurite : minéral assez répandu d'un bleu plus clair que l'outremer. C'est un carbonate de cuivre hydraté naturel, qui se rencontre en association avec la malachite.

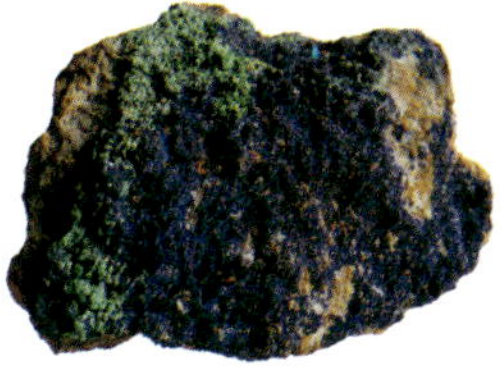

Azurite et malachite

Vert d'Espagne : le vert d'Espagne ou vert-de-gris est un acétate basique de cuivre hydraté. C'est un pigment artificiel, obtenu par l'action des vapeurs acides sur des lames de cuivre. Utilisé pour calligraphier les titres, il convient de ne pas le faire entrer dans les mélanges avec le blanc de plomb.

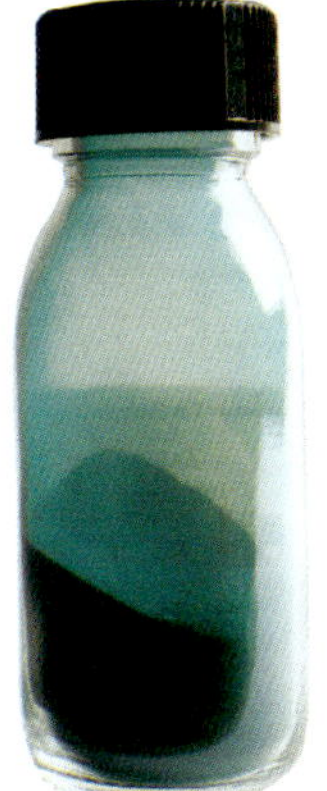

Vert d'Espagne.

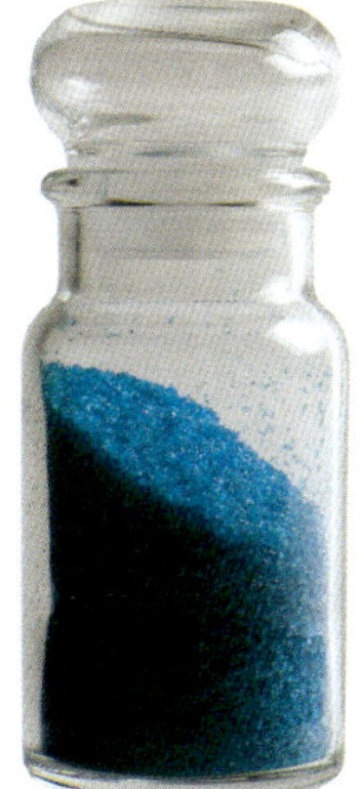

Sulfate de cuivre.

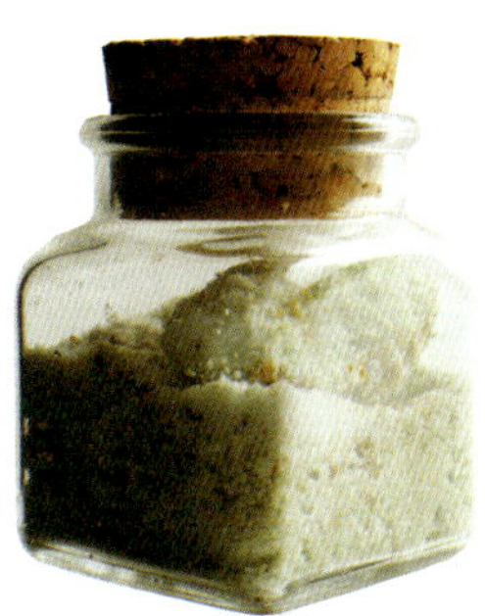

Sulfate de fer.

Malachite : pierre de couleur vert foncé, qui, finement broyée, servit de pigment vert depuis la plus haute Antiquité jusqu'à la Renaissance. La malachite est composée de carbonate de cuivre naturel.

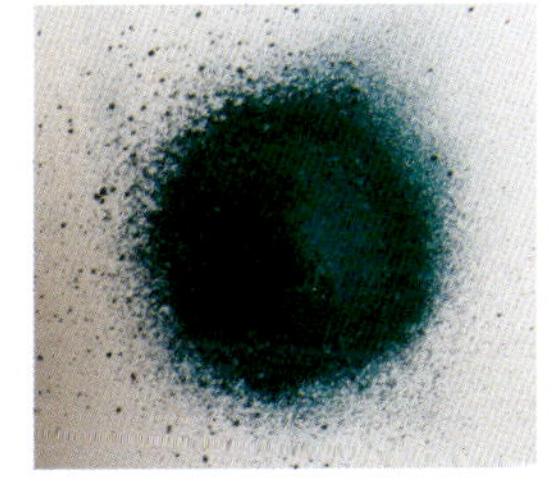

Bleu outremer.

Noir de fumée : pigment noir obtenu en calcinant diverses substances (bois, huiles, résines), dont on recueille les vapeurs sous forme de suie. Cette dernière, mélangée à un liant, permet de fabriquer l'encre* au carbone.

Sépia : substance colorante d'un brun très foncé, extraite de la seiche, mollusque de la famille des Céphalopodes. La sépia sert de pigment pour l'encre et pour l'aquarelle.

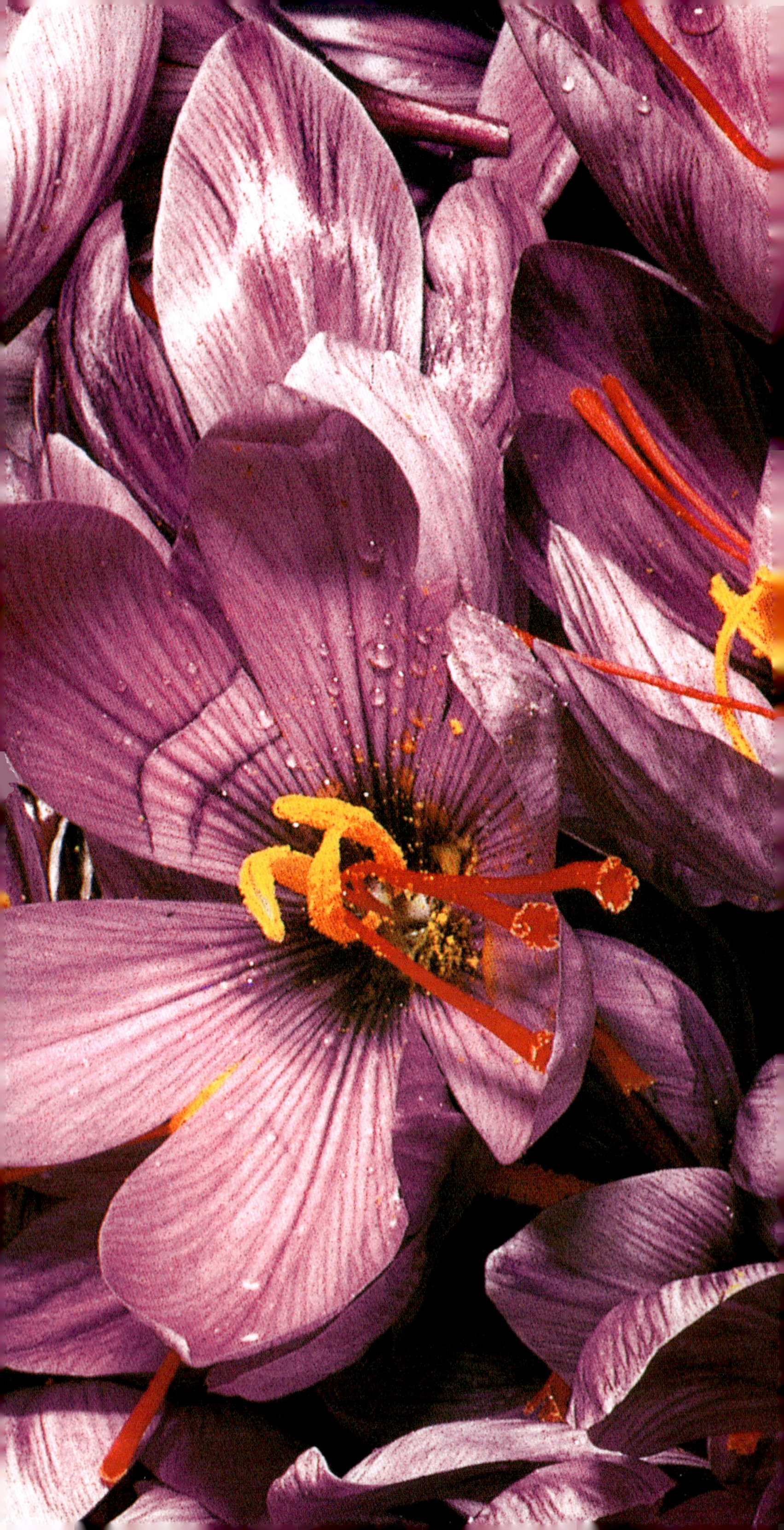

PIGMENTS (SUITE)

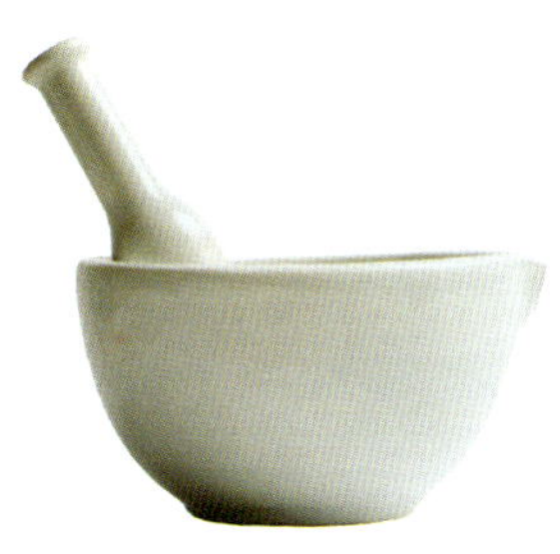

Mortier.

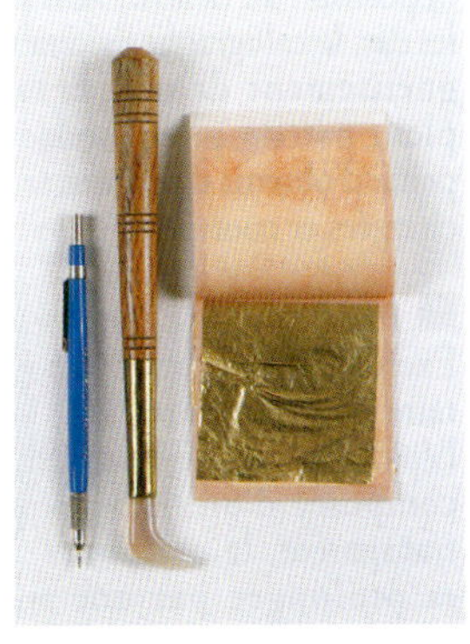

Or à la feuille.

Alun : substance qui se présente sous la forme d'un sel blanc, isomorphe. L'alun est considéré comme étant un sulfate double d'aluminium et de potassium hydraté. Il permet de lier les pigments des couleurs et les encres en raison de son fort pouvoir astringent.

Or à la coquille : l'or à la coquille, par opposition à l'or à la feuille, désigne un mélange composé d'or fin et de gomme arabique, qui se présentait à l'origine dans une coquille. Ce genre d'or s'applique à l'aide d'un pinceau imbibé d'eau gommée.

Safran : plante de la famille des Iridacées, qui croît spontanément en Asie mineure. Des stigmates de cette fleur violacée est extrait le célèbre colorant jaune. Le safran, ou *Crocus sativus* L., trouve son application dans l'enluminure et l'imitation de l'or.

Céruse : pigment blanc obtenu par l'action d'un acide sur des lamelles de plomb. Ce blanc se compose de carbonate de plomb. La céruse se présente sous la forme d'une poudre blanche très toxique et constitue le principal blanc utilisé dans l'enluminure.

Molette.

Le calligraphe F. Poppl.

À droite : Page d'un livre d'heure, 1430. Encre métallique, cinabre, lapis lazuli et or à la feuille sur vélin.

Psautier de Jeanne de Laval. Poitiers, bibliothèque municipale, ms. 41, 192 f., vers 1470-1480.

nommé professeur à l'école d'art de Wiesbaden et continue parallèlement à travailler pour une clientèle élargie.
Friedrich Poppl est certainement un des calligraphes modernes les plus influents dans le dessin de lettres et dans la calligraphie gestuelle.
Son style se caractérise par une très grande spontanéité associée à une singulière précision. Ses signes sont tracés avec un total abandon tempéré par un subtil contrôle. Il a été le maître de Werner Schneider et de nombreux artistes contemporains.
Friedrich Poppl nous a quittés en 1982.

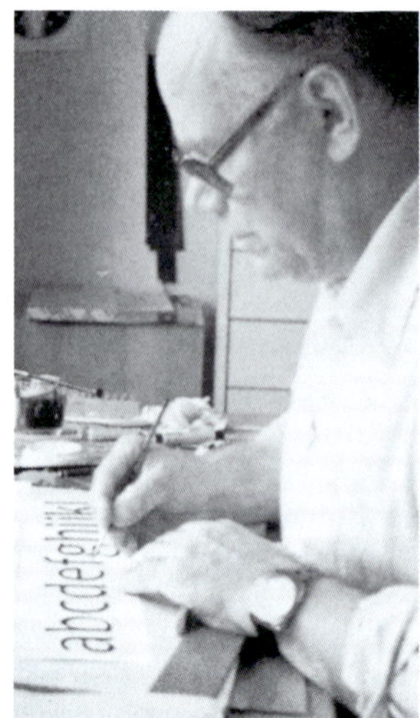

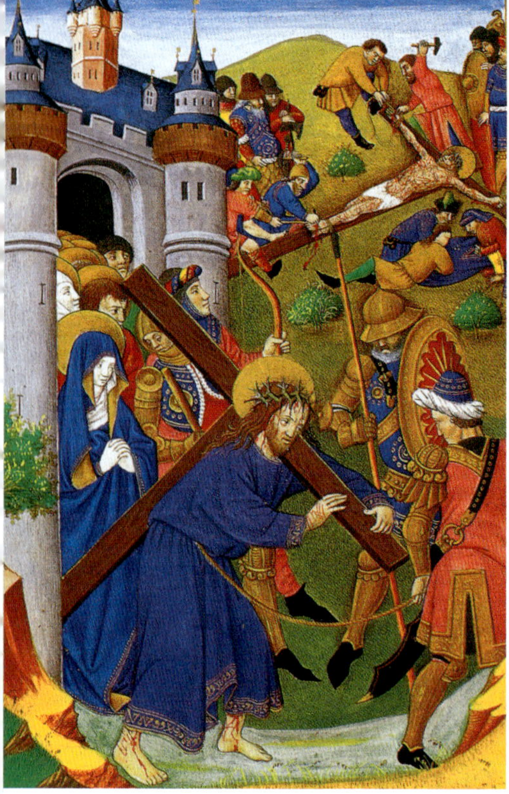

Psautier
Livre qui renferme l'ensemble des psaumes bibliques.

Pumex
Mot latin qui désigne la pierre ponce dont on se servait pour préparer le parchemin* et qui permettait de le rendre plus lisse et apte à recevoir l'écriture.

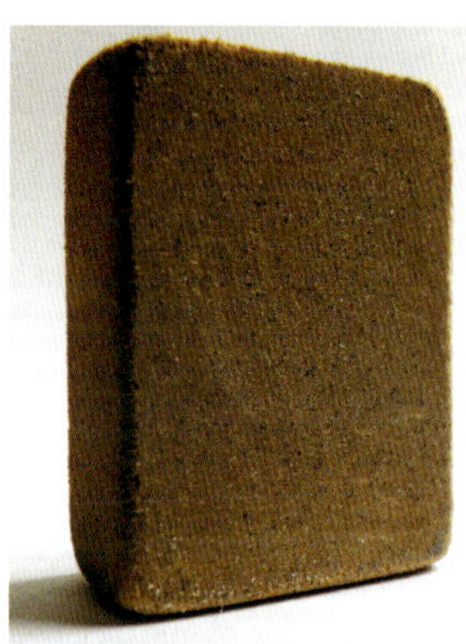

Puncturation
Procédé qui consistait, au Moyen Âge, à percer le feuillet de parchemin de petits trous afin de faciliter la réglure*. Cette technique offrait l'avantage de fournir une disposition des lignes recto verso en ne mesurant qu'une seule fois. Les trous étaient pratiqués à l'aide d'une pointe-sèche ou d'un poinçon.

sentit gallia roga regem regetz
omnia tempore ita in clemen
cia helena sancta. V. Ora pro
nobis sancta helena. R. Ut di
gni efficiamur etc. Oratio.
Omnipotens sempiter
ne deus vitam tuam
ostende supplicibus: ut qui
de meritorum qualitate dif
fidimus intercedente beata
helena virgine tua non iu
dicium sed indulgenciam
senciamus. Per cristum etc.
De sancta hoildis antiph
Desponsata cristi nobilis. O
hoildis virgo pia in qua deus.
mirabilia sua monstrat ma
gnalia refunde lumina cetis et
mutis verba predica tuis esto pro

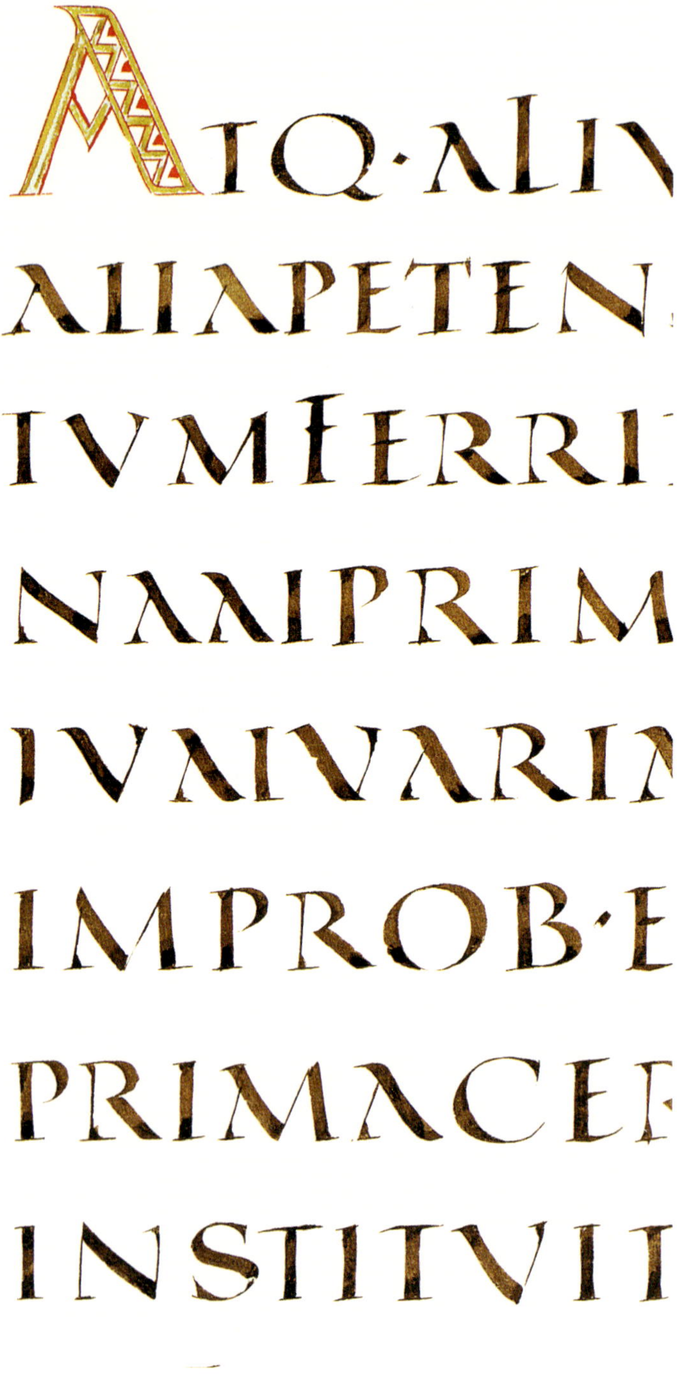

ATQ·ALIV
ALIAPETEN
IVMFERRI
NAMPRIM
IVMVARIA
IMPROB·E
PRIMACER
INSTITVIT

QUADRATA

Écriture du IVe siècle, robuste, d'aspect carré, directement inspirée des inscriptions monumentales romaines. C'est une écriture de livre, élégante, posée, aux pleins* et aux déliés* très contrastés, qui servit à retranscrire les manuscrits* littéraires de luxe, notamment ceux de Virgile. La quadrata a subsisté sans trop de mutations dans les titres et les rubriques jusqu'au XIIe siècle. Du point de vue paléographique, elle ne représente qu'un phénomène artificiel, ayant très peu de réalité dans l'évolution de l'écriture latine.

Nous connaissons quatre manuscrits tracés en quadrata, dont les plus importants sont le *Vergilius Augusteus,* des Géorgiques (IVe siècle), conservé à la bibliothèque Vaticane, et le *Sangallensis,* qui illustre l'Éneide, conservé, quant à lui, à l'abbaye de Saint-Gall en Suisse.

Le classement et la chronologie des manuscrits tracés en quadrata n'ont cessé de provoquer des controverses. On note des hésitations dans les dates qui leur sont attribuées. En raison de fort préjugés relatifs à leur haute antiquité, on n'hésita pas à dater la quadrata du Ier siècle de notre ère dans nombre de traités de paléographie*. Cependant, il est sage d'imaginer que cette haute antiquité, attribuée par exemple au *Sangallensis,* n'est que purement idéelle. Une hypothèse non dénuée de fondement voudrait que ces manuscrits en quadrata ne représentent que des œuvres calligraphiques de basse époque, dont les auteurs seraient des scribes du haut Moyen Âge qui désiraient honorer Virgile.

Réglure

Opération qui consiste à régler le feuillet de parchemin à l'aide de lignes parallèles, pour faciliter le travail du scribe*. Avant d'initier son travail de copie, le calligraphe doit préparer sa page, établir le rapport entre la partie transcrite et les marges. Il doit également déterminer la disposition des lignes et le nombre de colonnes, cette disposition linéaire étant précisée par des traits équidistants tracés à la règle, grâce à de petits trous percés en bordure de page à gauche et à droite (voir Puncturation). Les outils permettant de tracer ces traits sont spécifiques à chaque période. Durant le haut Moyen Âge, une simple pointe-sèche ou pointe de compas grave le parchemin d'un sillon en relief. Plus tard apparaît la mine de plomb, puis, enfin, l'encre* brune diluée, l'encre rouge ou la garance. Le copiste dispose parfois les surfaces réservées à l'enluminure proprement dite, méthode que révèlent certaines pages de manuscrits restés inachevés.

Page du *Vergilius Augusteus* de la 1re Géorgique. Ecriture du IVe s.

Réservoir

Petite pièce de métal de forme triangulaire que l'on fixe généralement sur le dos de la plume*. Le réservoir permet de régulariser le débit de l'encre*, ce qui a pour résultat d'obtenir des déliés* d'une grande finesse. Lorsque le réservoir est placé

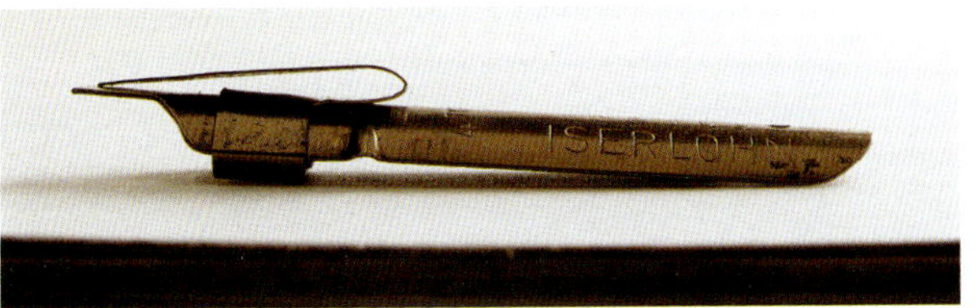

Plume métallique Brause équipée d'un réservoir sur la partie supérieure.

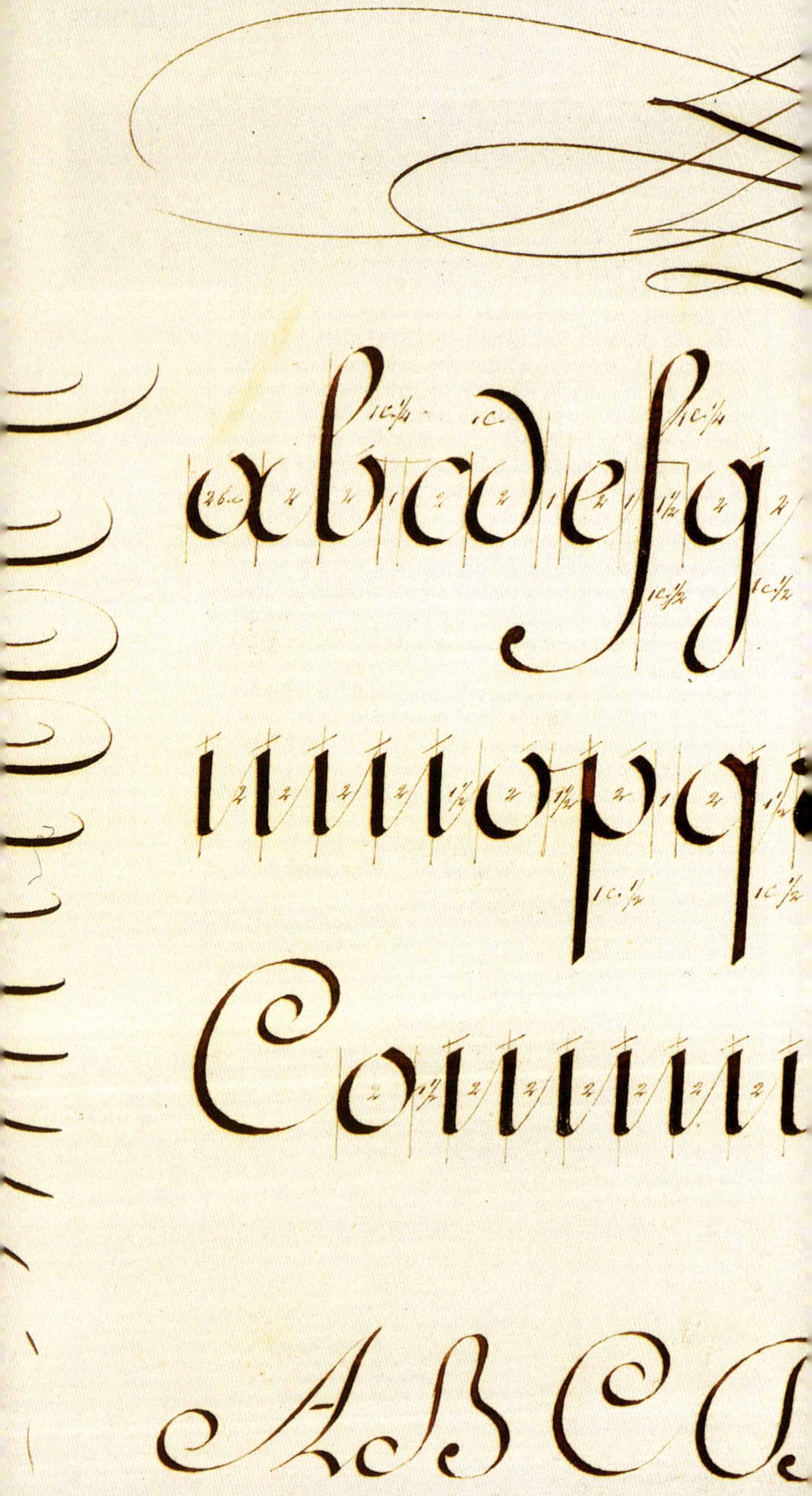

abcdefg

ıııııopq

Coıııııı

ABC

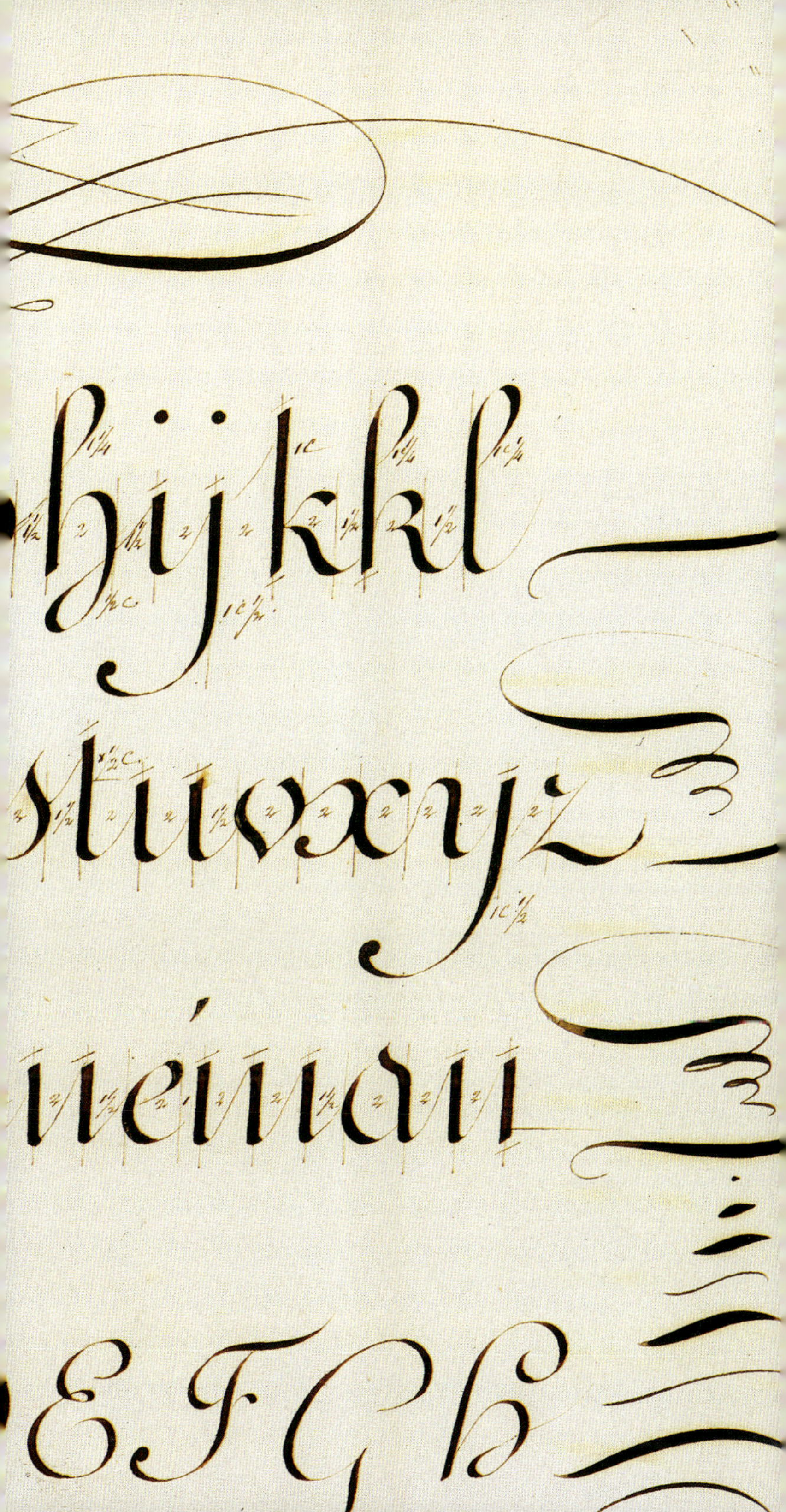

ROTUNDA

Type d'écriture gothique* ronde utilisée en Italie et en Espagne à partir du XIIIe siècle. La rotunda constitue le type même de la « lettre de somme ». Cette dernière servit, en effet, à transcrire la *Somme* de saint Thomas d'Aquin, d'où son appellation. Gothique ronde : l'expression pourrait sembler un paradoxe. À vrai dire, les Italiens n'acceptèrent jamais l'esthétique de la gothique textura, pas plus que l'architecture du même nom. Au XIVe siècle, les scribes italiens réalisent la mise au point définitive de la rotunda en créant un compromis harmonieux entre la caroline* et la textura. Mais ils n'adoptent en aucun cas la manière d'écrire des artistes du Nord. Le résultat est une lettre fort agréable qui fascine par la majesté de ses proportions.
La gothique ronde fut particulièrement à l'honneur dans les œuvres liturgiques et les antiphonaires*; l'imprimerie naissante consacra la rotunda dans ses ouvrages.
La plupart des lettres rotunda s'inscrivent dans une forme carrée virtuelle et leur corps est formé de quatre becs de plume.
L'alphabet possède un demi *r*, et un *s* médian et une ligature *et* en forme de 7.

C. Mediavilla, 2000. Rustica calligraphiée au pinceau.

Rubricator

Scribe chargé de tracer les initiales, les lettrines, les têtes de chapitre et tous les passages exécutés à l'encre* rouge dans un manuscrit*. Ces passages calligraphiés en rouge sont appelés *rubrica,* terme dérivé du latin *ruber,* signifiant rouge ou terre rouge.

RUSTICA

Écriture romaine capitalisée dont l'origine remonte au Ier siècle avant J.-C. La rustica, à ses débuts tracée sur papyrus*, fut plus tard transcrite sur parchemin*. Morphologiquement, elle semble être le fruit d'un traitement cursif de la capitale* monumentale. Cette thèse paraît corroborée par certains vestiges qui sont parvenus jusqu'à nous. On note, en particulier, les *Élégies de Gallus,* de 22 avant J.-C., les papyrus du *Carmen de bello Actiaco* de Pompei, et le *Papyrus de Florence,* de 45 après J.-C. Il s'agit là d'un système graphique homogène, au ductus* très affirmé.
Dans le système d'écriture rustique, on ditingue deux types : celui de la rustica du Ier siècle, et celui du Ve siècle.
Le type du Ier siècle présente une lettre robuste aux pleins* assez marqués. Il est généralement calligraphié au calame* sur un support de papyrus*. Le tracé de cette lettre laisse apparaître un aspect d'une relative raideur. Bien que la rustica du Ve siècle ait atteint à une plus grande notoriété, c'est cependant celle du Ier siècle qui semble plus prolifique, puisqu'elle est à l'origine d'une série d'altérations appelées écritures mixtes latines, dont les plus importantes sont celles du type *De bellis* et de l'*Epitome.* Ces dernières préfigurent, en quelque sorte, la minuscule* semi-onciale*.
Le type du Ve siècle met en évidence une lettre d'aspect étroit aux empattements* souples et aux formes plus rondes et mieux définies. L'écriture ne présente pas d'espaces entre les mots, et les abréviations sont extrêmement peu fréquentes. Les deux meilleurs exemples de cette écriture nous sont fournis par le *Codex palatinus* et le *Codex romanus,* tous deux conservés à la bibliothèque vaticane. Le *Vaticanus palatinus,* qui se compose de deux cent cinquante-six folios, contient les textes de Virgile et constitue le plus beau spécimen calligraphié en capitale rustica.
Après le VIe siècle, la rustica présente moins d'actualité et, si elle ne disparaît pas du manuscrit, elle se voit reléguée aux titres et aux petites lettrines, cela jusqu'au XIIe siècle.

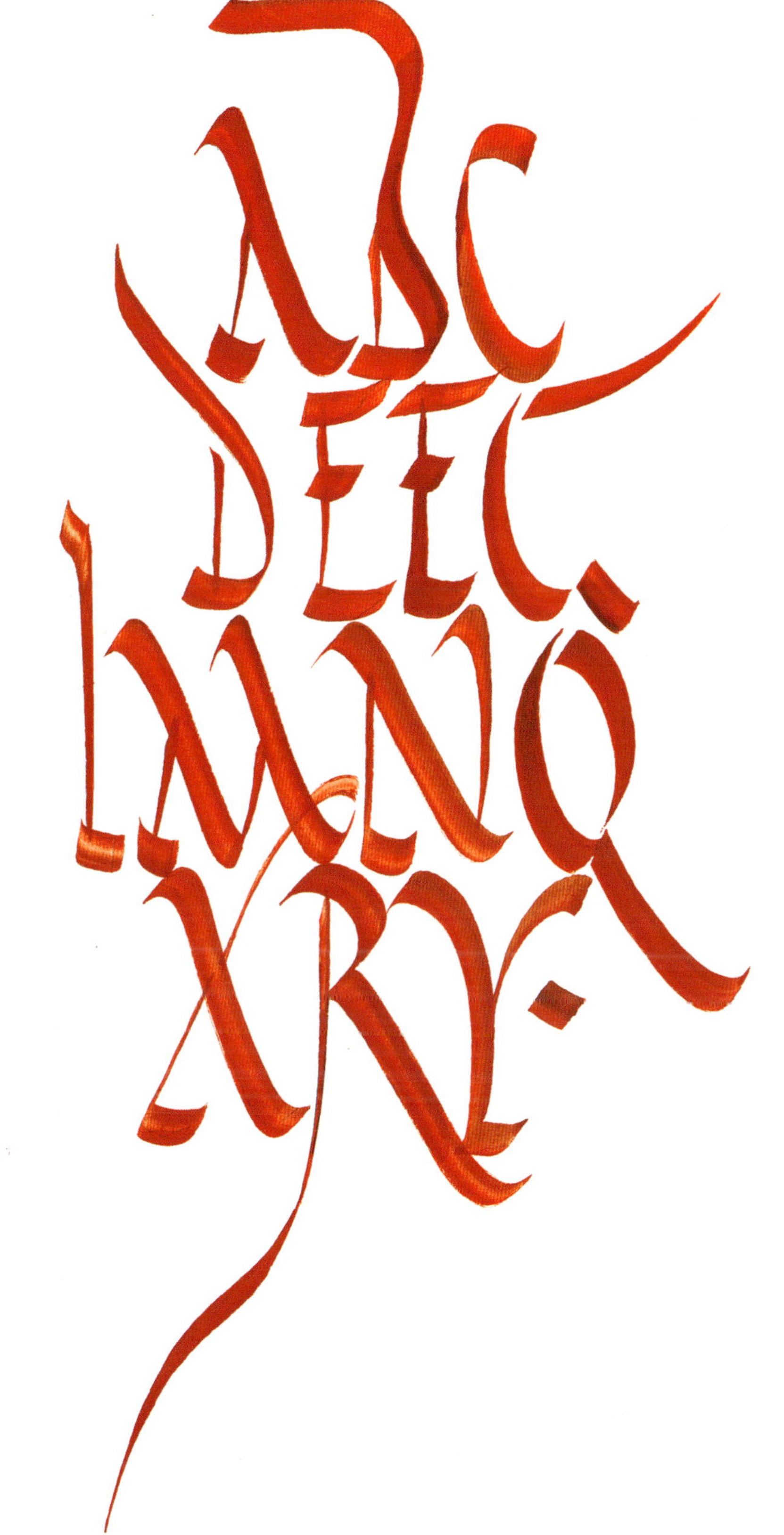

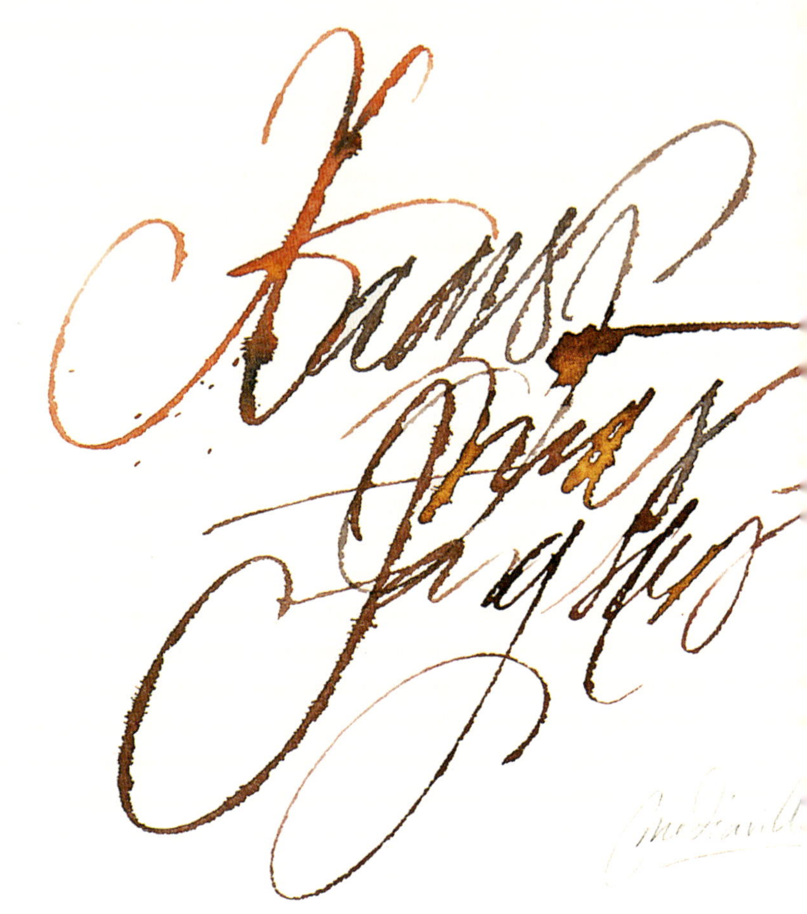

RYTHME

Mouvement périodique et cadencé. Le mouvement rythmique peut être décrit comme une distribution constante, un retour successif des temps forts et des temps faibles. Dans le domaine des arts plastiques, le rythme correspond à la distribution des éléments constitutifs de l'œuvre picturale ou calligraphique. C'est l'alternance régulière des lignes, des surfaces et des volumes. Les lignes et les masses d'une composition sont, en effet, des énergies susceptibles de réagir l'une sur l'autre. Lorsque ces dernières n'ont pas été conçues en rapport harmonique et rythmique, les éléments se trouvent isolés et aucun n'atteint l'effet qu'il aurait dû produire. Dans cet ordre d'idées, une composition sans rythme et sans contraste apparent est une cacophonie qui n'exprime aucune plastique définie.

Lorsque le rythme est trouvé, nous nous sentons en relation avec le souffle du vivant – non seulement avec le nôtre, mais avec celui du monde extérieur. Le rythme reste étroitement lié à la vie, il constitue le secret même de la vie, et sa plus parfaite expression.

La calligraphie est par définition très concernée par le phénomène rythmique. Vie et force d'expression naissent assurément de ce principe, souvent associé à celui du contraste/tension*, qui est en corrélation.

Claude Mediavilla, 1987. Rythme calligraphique abstrait. Aquarelle sur papier.

Ci-dessous et double page suivante : Claude Mediavilla, 2000. Calligraphie gestuelle abstraite mettant en évidence les principes du rythme et de la tension des masses dans une composition. Aquarelles sur papier.

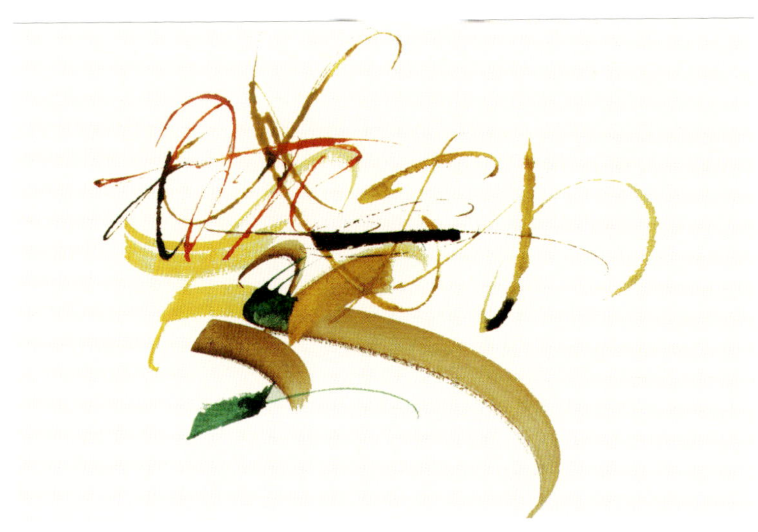

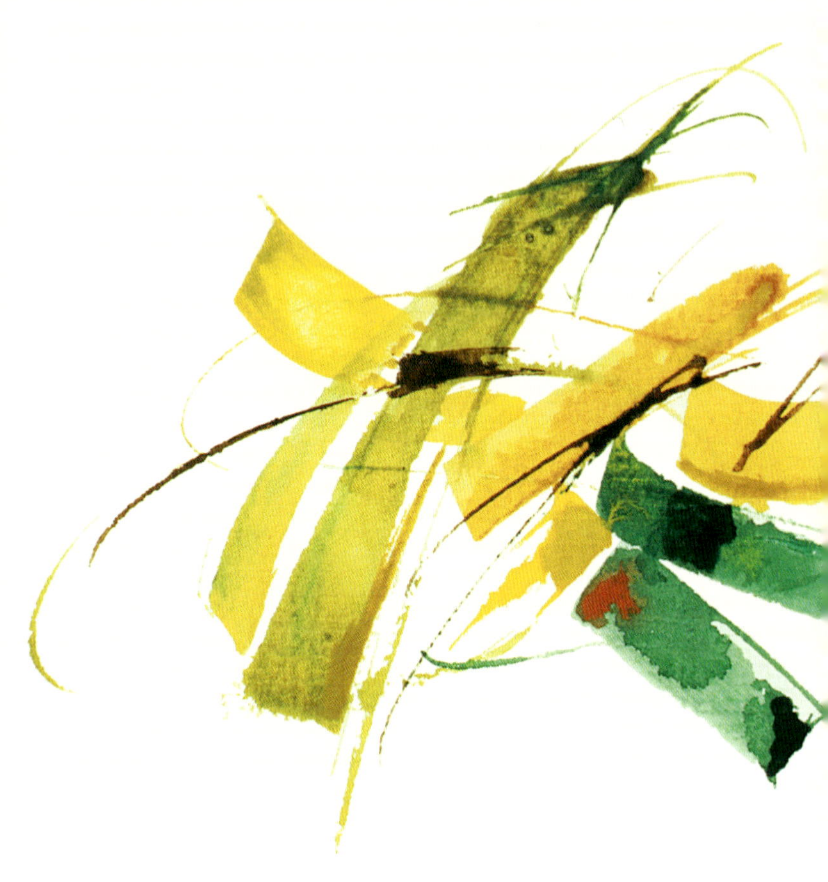

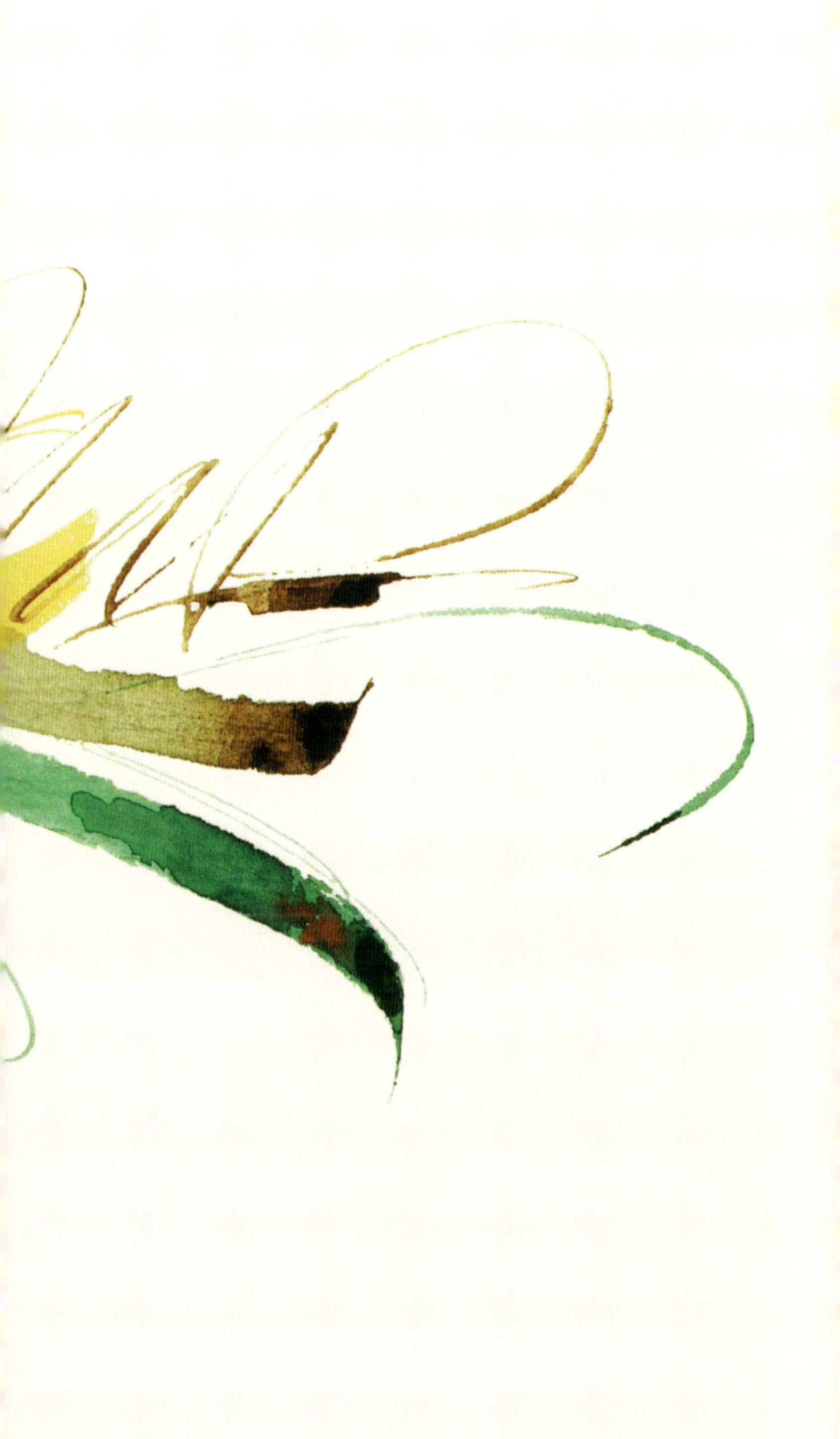

Sacramentaire

Livre qui contient les prières à l'usage des prêtres célébrant la messe. Il fut remplacé en 1614 par le Rituel, livre liturgique qui prescrit au prêtre les rites des sacrements, des inhumations et des processions.

Scribe

Employé aux écritures, lettré qui avait la charge de copier les actes publics et les textes liturgiques. Mot issu du latin *scriba* (greffier), de *scribere,* écrire. Scribe est un terme générique qui a pu désigner successive-

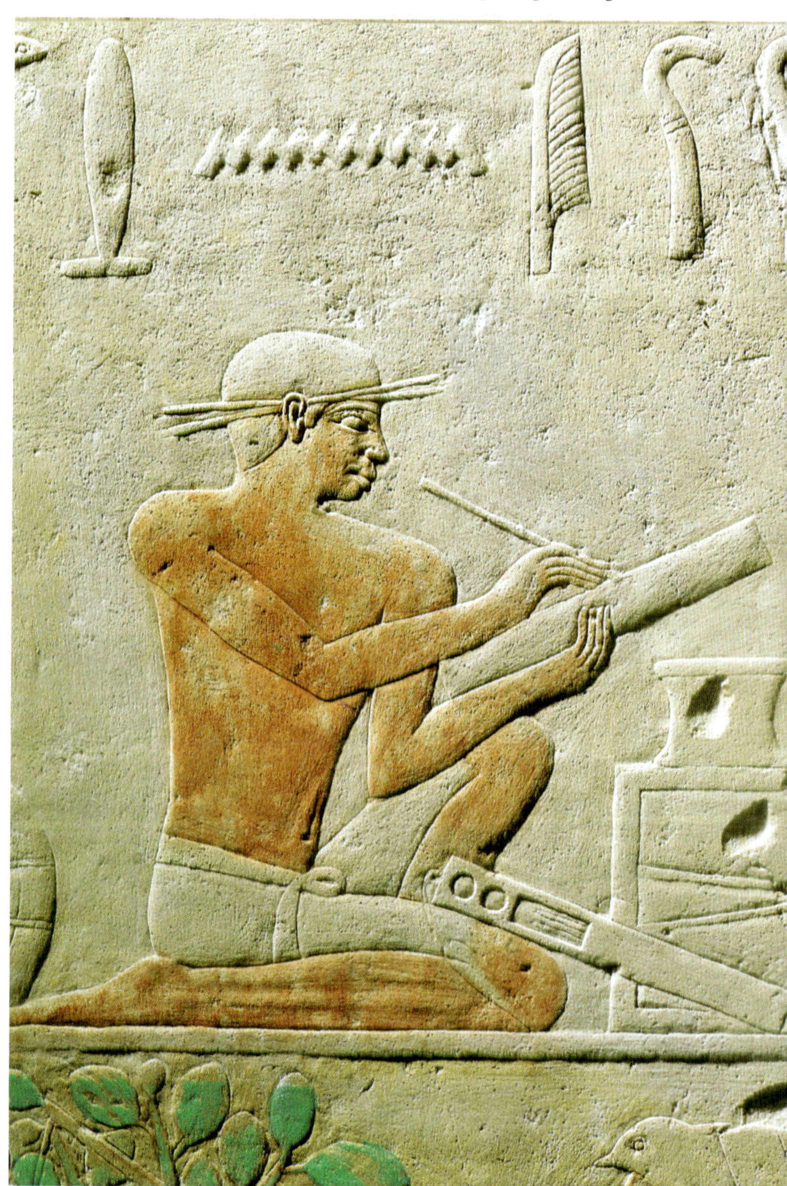

ment le secrétaire de l'Antiquité, le copiste du Moyen Âge ou le calligraphe. Bien que ces termes soient apparemment synonymes, certains érudits tiennent néanmoins à marquer quelques nuances relatives au contenu ou à la destination des textes copiés. Le mot « calligraphe » est attesté depuis 1569 et possède, en outre, un sens plus moderne : il désigne un professionnel au statut indépendant dont l'expression artistique est la motivation essentielle, tels les maîtres de la Renaissance.

Les Scribes.
Relief provenant du mastaba d'Akhétep, Saqqara (Egypte), Ve dynastie, 2400 av. J.-C. Paris, musée du Louvre.

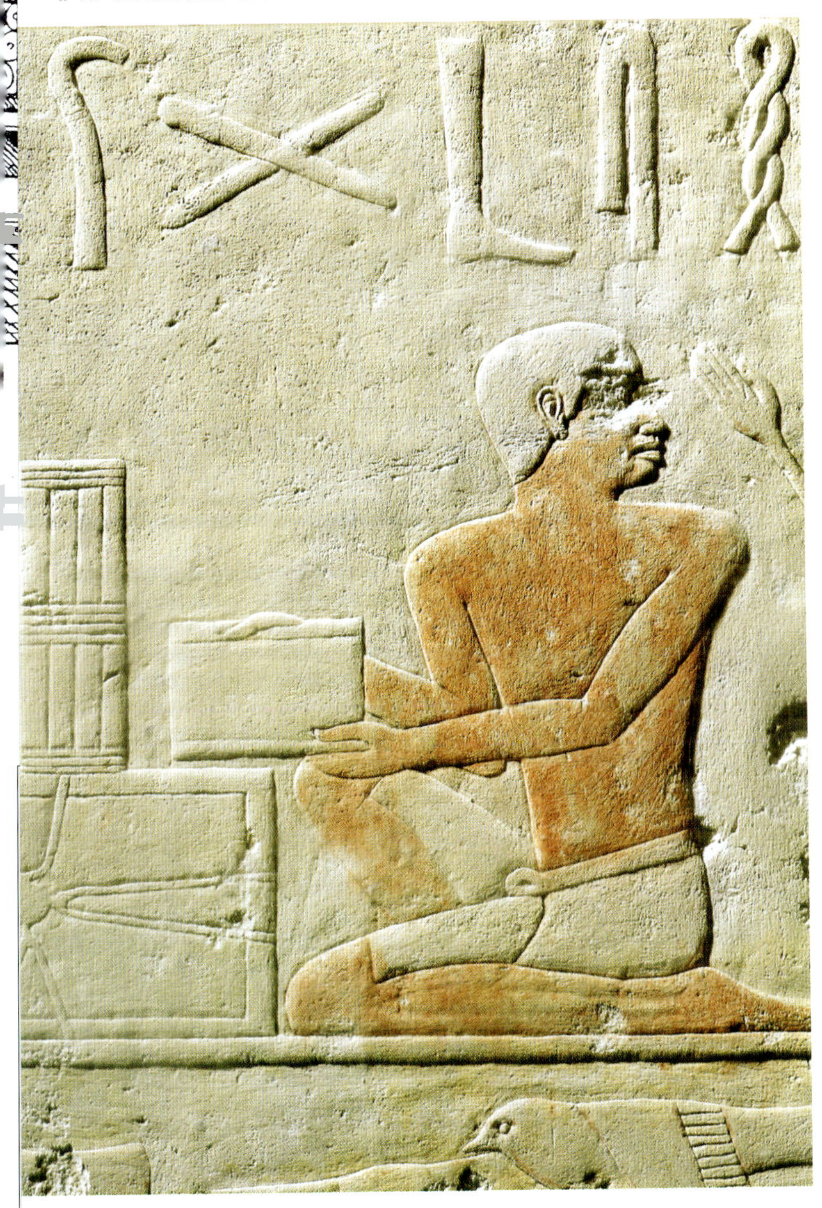

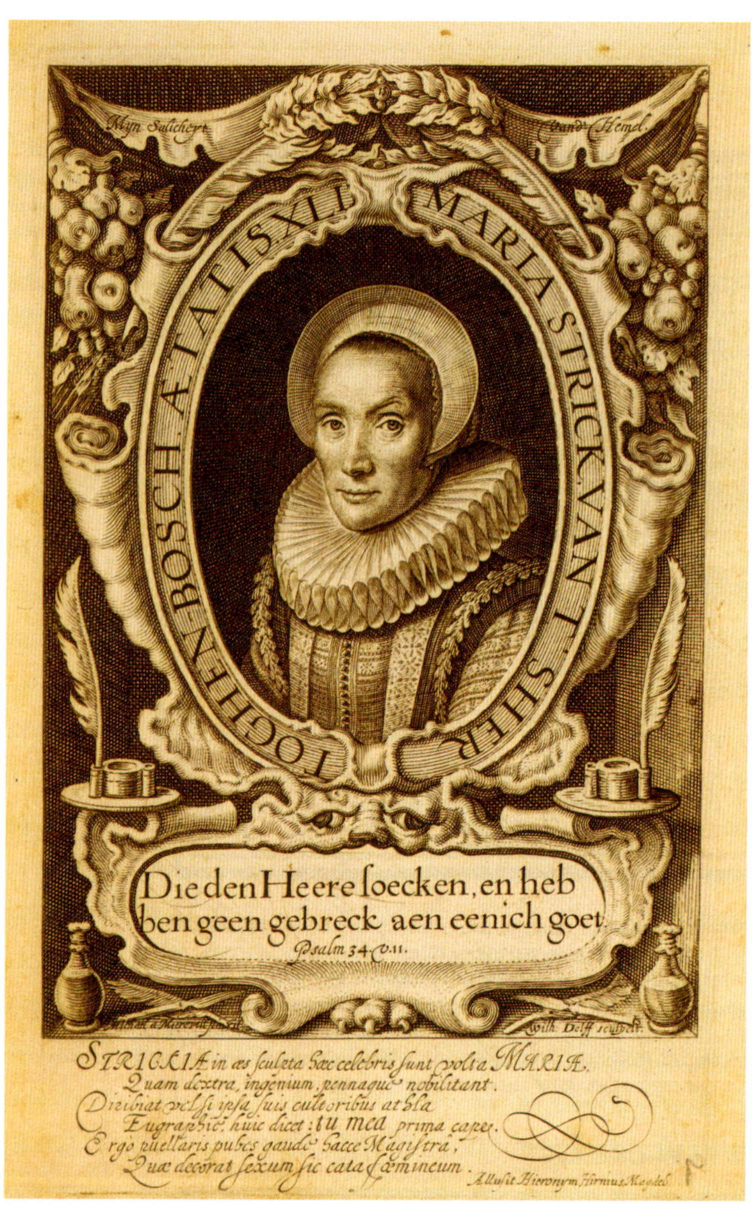

Portrait de M. Strick publié dans son ouvrage *Schat oft Voorbeelt ende*, 1618.

Strick, Maria

Artiste calligraphe, née en 1577 à Den Bosch, aux Pays-Bas. Fille du maître d'écriture Caspar Becq, elle s'initie très tôt à l'art du beau tracé. Plus tard, elle obtient le grand privilège de compléter sa formation chez Felix Van Sambix et, surtout, elle sait mettre à profit les leçons du grand maître Jan Van den Velde*.

C'est à Rotterdam qu'elle se fait remarquer par la publication de quatre ouvrages. Après la mort de son père, Maria Strick fait paraître son premier titre, *Tooneel Der loflijcke schrijfpen* (1607), dont son époux assure la gravure.
En 1611 est édité son *Christelyken A.B.C.*, et sept ans plus tard paraît *Schat oft Voorbeelt ende*. Son dernier ouvrage,

Fonteyne des levens, est daté de 1624.
Les travaux de Maria Strick témoignent de son habileté et illustrent d'une manière éclatante son talent de calligraphe.

Style

Poinçon métallique servant à écrire sur des tablettes enduites de cire. Durant l'Antiquité et le Moyen Âge, les styles (en latin *stilus* ou *graphium*) en bronze, en os, en argent ou en ivoire furent utilisés pour tracer les lettres grâce à leur extrémité pointue, l'autre bout étant doté d'une spatule afin de corriger les fautes ou d'effacer la tablette. Le style en fer a servi pour produire les inscriptions sur les murailles (graffiti de Pompéi), sur la terre cuite et même sur le métal. Plus tard, ces styles servirent à établir la réglure* des parchemins*.

Sulfate de fer

Sel de fer qui se trouve à l'état naturel sous la forme de mélantérite, ou sulfate de fer ferreux hydraté, $SO_4Fe, 7H_2O$.
Néanmoins, la plus grande partie du sulfate de fer est obtenue à partir des pyrites de fer que l'on trouve en quantités importantes dans la nature. Lorsqu'il est pur, le sulfate ferreux se présente à l'état de beaux cristaux vert clair, qui, cependant, sont très peu stables, se couvrant assez vite de taches orangées d'oxyde de fer.
Couperose verte, vitriol vert, *chalcanthum* (en latin), vitriol de Chypre sont autant de synonymes pour désigner le sulfate de fer, élément essentiel de la fabrication de l'encre*. Cette dernière se forme lorsqu'on ajoute une infusion de liqueur tannique à une dissolution de sulfate de fer.

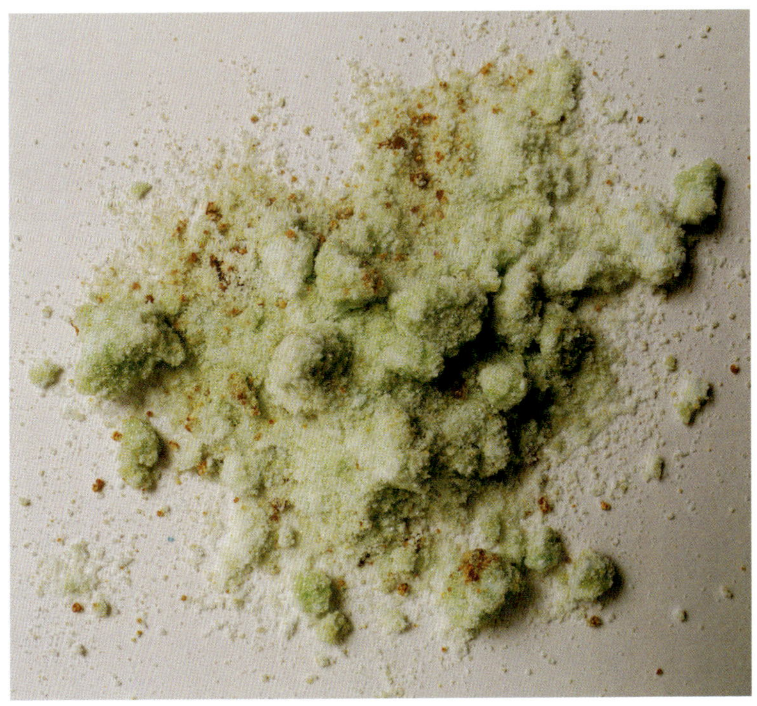

TENSION (*SPANNUNG*)

Opposition prononcée entre deux éléments ou deux entités, chacun mettant l'autre en relief. Rapport qui existe entre une unité et son contexte. Le contraste survient en variant la taille des formes, leur direction ou leur couleur.

La loi du contraste a depuis longtemps été mise en évidence par une simple expérience : l'œil humain exècre les configurations mal définies, les égalités statiques et l'indécision. En revanche, des masses bien contrastées et tendues semblent satisfaire pleinement le sens de la perception.

Dans la calligraphie, on observe particulièrement ce phénomène lorsqu'il y a effet de tension entre les différentes surfaces de l'œuvre et l'allongement ou la réduction d'un élément de la lettre.

Par ailleurs, quelle que soit l'époque ou la discipline artistique considérée, le principe du contraste se vérifie toujours et apparaît comme l'élément immuable le plus sûr. Ce principe, que les Japonais nomment *taï sho sei*, et que l'on remarque abondamment dans la nature, les artistes orientaux l'ont développé avec bonheur et virtuosité.

Claude Mediavilla, 1993. Peinture, technique mixte. Rouge et pigments naturels sur toile. Format : 97 x 130 cm.

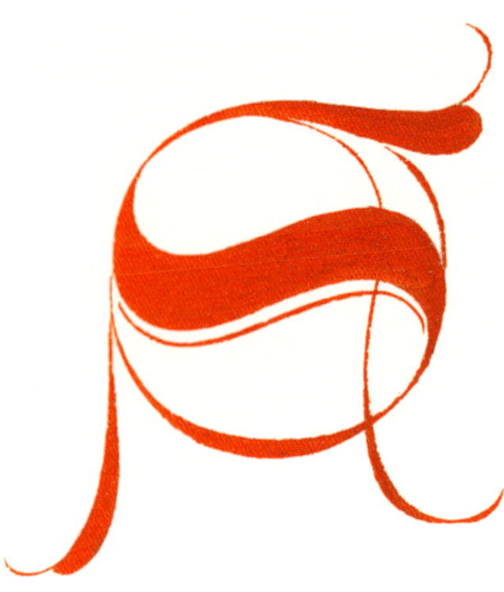

Lettre tourneure peinte au vermillon dans le style du XVe siècle.

Tourneure

Terme désignant la lettre onciale* décorative, utilisée dans la composition des titres et des lettrines à partir du XIIe siècle. Les lettrines n'étaient souvent autre sque des onciales habilement tracées et galbées au pinceau. Sous l'influence de la gothique*, l'onciale s'arrondit, se charge d'ornements tout en continuant à tourner avec maîtrise. On appelle ces onciales tardives lettres de tournure ou tourneures et *lombardic letters* dans les pays anglo-saxons. Avec l'imprimerie naissante, elles s'imposent, s'enjolivent afin de mieux faire oublier le procédé mécanique.
D'après Geofroy Tory (1529), ces lettres tournantes servaient aux anciennes inscriptions sur les tombes, les tapisseries et les vitraux. Les imprimeurs du XVe siècle les firent peindre sur les livres pour mieux marquer l'*incipit* ou les débuts de chapitre. La capitale tourneure est une lettre construite et dessinée dont les pleins* sont fortement incurvés et les empattements* filiformes.

Page de droite
En haut : Frontispice de l'ouvrage principal de J. Van den Velde avec le portrait du maître (1605). Gravure de G. Gauw.
En bas : J. Van den Velde, 1620. Page calligraphiée, extraite de son ouvrage *Duytsche exemplaren*, publié à Haarlem.

Van den Velde, Jan

Calligraphe flamand, né à Anvers en 1569. Ayant atteint une vingtaine d'années, il décide de quitter sa ville natale pour s'installer à Delft où résident Felix Van Sambix et Caspar Becq. Un document daté de 1588 témoigne qu'il était alors l'assistant de maître Becq. En 1592, Van den Velde est nommé professeur à l'école latine de Rotterdam, ce qui ne l'empêche pas d'ouvrir une classe de français dans sa propre demeure. En 1620, il s'installe à Haarlem, où il continue d'exercer son activité de maître jusqu'à sa mort, qui survient en 1623. Son premier ouvrage imprimé est constitué d'un album oblong rassemblant quarante et une planches de calligraphie datées de 1586. Au total, il fit éditer neuf livres, dont le *Spieghel Der Schrijfkonste* (1605) reste sans doute le plus fascinant et certainement son chef-d'œuvre.
Publié pour la première fois à Rotterdam, ce livre fut réimprimé à plusieurs reprises et traduit en français et en latin. L'œuvre comprend cinquante-neuf gravures pleine page et se divise en trois parties. La première partie présente les écritures hollandaises, françaises, allemandes et anglaises. La deuxième met en lumière les modèles italiens, espagnols et latins. La dernière partie donne une vue d'ensemble sur l'art de calligraphier les écritures hollandaises courantes. La plupart des ouvrages de Van den Velde furent gravés par Gerard Gauw, résidant à Haarlem.
Van den Velde marqua l'art de la calligraphie en Occident de son génie prodigieux. À cet égard, le maître Robert More écrivit en 1710 dans une de ses

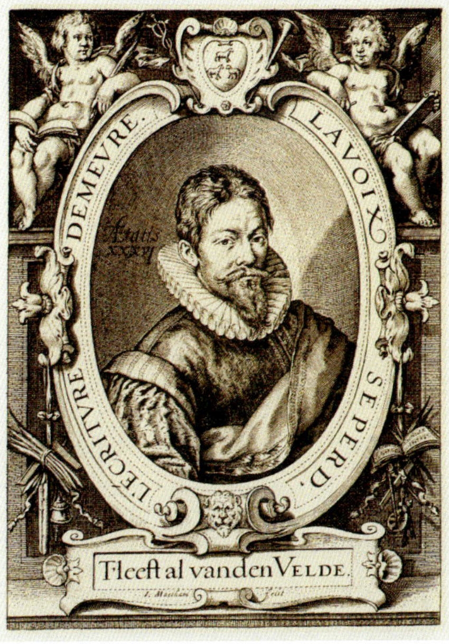

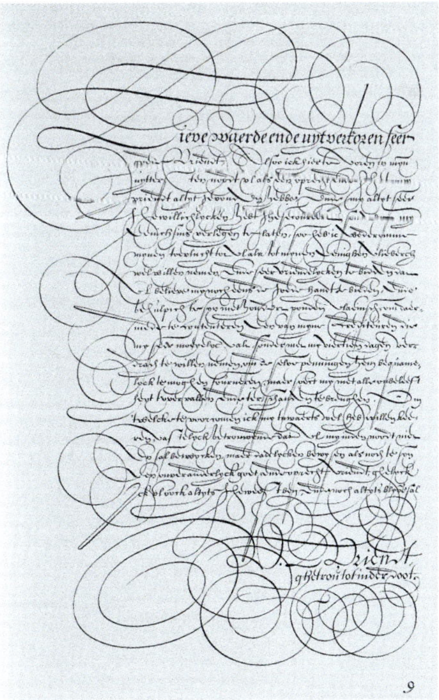

préfaces : « Alors l'immortel Van den Velde gratifia le monde de ses incomparables travaux, dont chaque ligne engendre chez les judicieux à la fois une admiration mêlée d'effroi et une plénitude de sensation de l'exquis. Il eut pour contemporains Materot le Magnifique et le célèbre Roelands. »

Vélin

Si l'on s'en tient à l'étymologie, le vélin est une peau de veau préparée dans le but de recevoir l'écriture. Ce terme est issu de *vitellus,* qui signifie veau en latin. Certains chroniqueurs du Moyen Âge rapportent l'utilisation de vélin provenant de veaux mort-nés dans l'élaboration de petites bibles du XIIIe siècle. Cette pratique, si l'on en croit les auteurs, permettait d'obtenir un parchemin* d'un extrême perfection et d'une grande finesse, la *charta virginea.* En outre, les termes parchemin et vélin sont souvent confondus à tort et employés pour désigner les mêmes qualités de peau. Or, le parchemin de mouton est aisément reconnaissable à son grain assez fort et à sa couleur jaune. Le vélin, quant à lui, est lisse, velouté, de couleur claire et extrêmement fin.

Wisigothique

Type d'écriture pré-caroline ou nationale en usage dans la péninsule ibérique, du VIIe au XIIe siècle. Les paléographes espagnols distinguent quatre styles wisigithiques qui correspondent aux écoles tolédane, andalouse, léonaise et castillane. La première présente une lettre assez grasse, la deuxième est d'un module relativement réduit, la léonaise jouit d'un style plus fin et élégant, la cas-

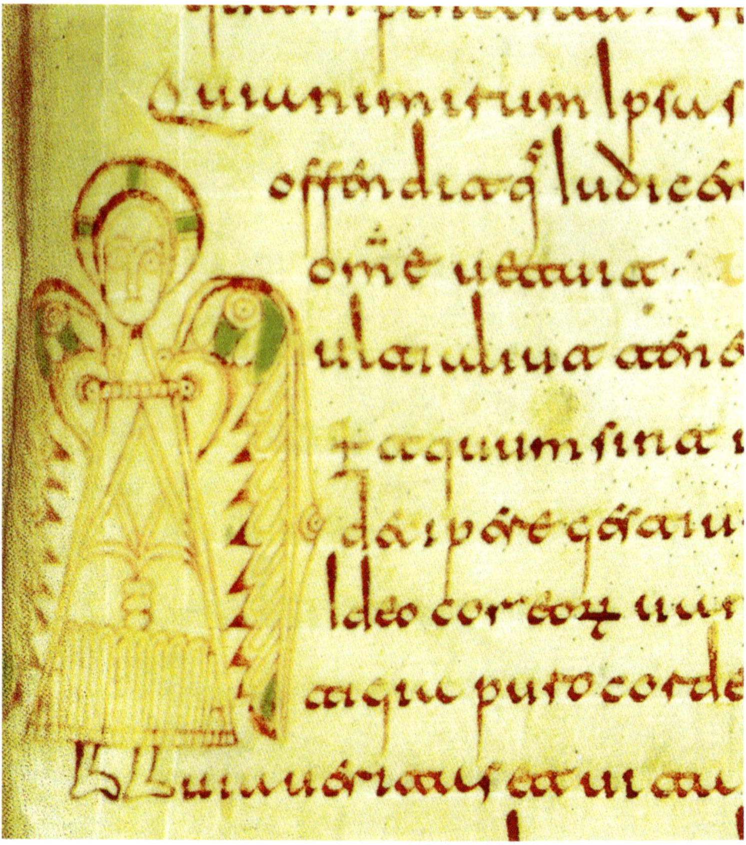

Ecriture wisigothique sur parchemin, 945. Manchester, John Rylands Library.

tillane possède des lettres inscrites dans un cercle.

Au début du XIIe siècle, l'influence de la caroline* s'impose et tend à remplacer la wisigothique. En outre, l'abandon de la liturgie mozarabe contribue à la disparition de cette graphie. En dernier ressort, le concile de Léon tenu en 1090 décide définitivement de l'emploi de l'écriture caroline ou *litteram gallicam* ; ceci afin d'unifier la liturgie des offices.

Ycíar, Juan de

Calligraphe espagnol né en 1522 à Durango, dans la province de Viscaye. Très tôt, Ycíar doit quitter sa ville natale en quête d'un horizon plus large. Après divers séjours dans des villes espagnoles, il se fixe à Saragosse, carrefour culturel et l'un des foyers de la typographie ibérique. Là, il exerce à loi-

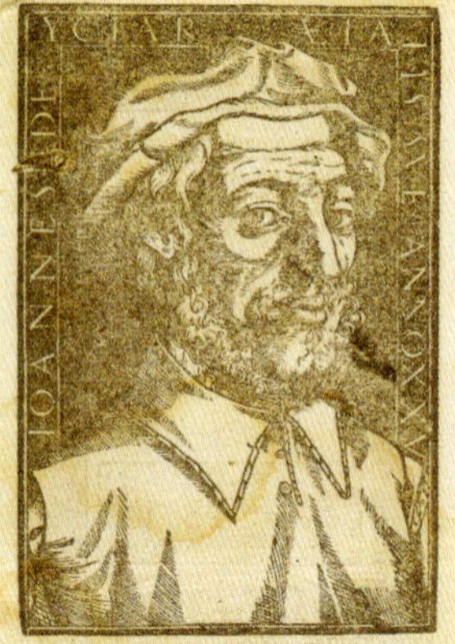

Portrait de Juan de Ycíar.

sir son activité de maître d'écriture et, parallèlement, satisfait une riche clientèle privée ou publique composée de collectionneurs et d'ecclésiastiques, sa grande spécialité étant l'exécution d'antiphonaires* et de livres de chœur pour les institutions religieuses. En 1548 paraît son premier ouvrage intitulé *Recopilación subtilissima*. La publication fait l'effet d'une bombe. Auréolé de ce grand succès, Ycíar est engagé en tant que précepteur à la cour de Philippe II. En 1573, après avoir quitté le palais royal, il se retire dans la petite ville de Logroño et décide de se faire ordonner prêtre.

Ycíar, patriarche de la calligraphie espagnole, fut surtout l'un des premiers artistes de son pays à éditer un livre important sur sa discipline. Il fut l'introducteur, en Espagne, de la lettre cancellaresca* italienne.

Zapf, Hermann

Calligraphe allemand né en 1918 à Nuremberg. Le professeur Zapf est considéré comme le plus éminent calligraphe et typographe de notre époque. En 1933, la situation politique et économique étant particulière en Allemagne, Hermann Zapf est contraint de suivre un modeste apprentissage de retoucheur photo chez un imprimeur local. Cinq ans plus tard, il est engagé comme graphiste dans la presse privée de Paul Koch, le fils du très grand calligraphe Rudolf Koch*. Là, il a l'occasion d'exercer son goût pour la calligraphie, et de rencontrer des personnalités précieuses pour sa future carrière, tel l'historien Gustav Mori. Ce dernier l'introduit auprès de la fonderie Stempel, à Francfort, où il se lie d'amitié avec le célèbre graveur de poinçons August Rosenberger. Durant la guerre, Zapf est affecté dans une unité détachée à Bordeaux, où il occupe un poste de cartographe. Après la guerre, il retourne à Francfort en tant que directeur artistique à la fonderie Stempel. Il mène de front la création typographique, exécutant des caractères de notoriété mondiale : l'Optima, le Palatino, le Melior, le Janson, et la calligraphie, publiant, en 1949, *Feder und Stichel*, un chef-d'œuvre de la calligraphie gravé par A. Rosenberger.

Le professeur Zapf a exercé une influence majeure dans le domaine calligraphique, tant en Europe qu'au États-Unis, notamment par ses ouvrages et son enseignement du plus haut niveau.

« Les contraires ne font qu'un, et la plus belle harmonie est celle qui naît des dissonances. Tout naît de l'opposition. »

Héraclite.

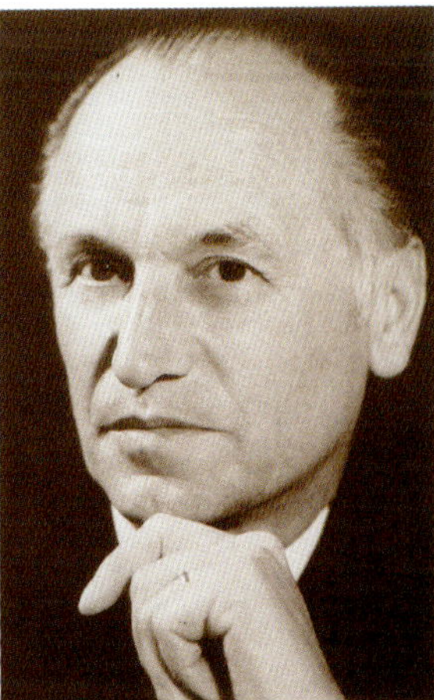

Portrait du calligraphe Hermann Zapf.

Double page suivante : Claude Mediavilla, 1995. Composition calligraphique abstraite. Roseau et pinceau sur papier Arches. Original : 76x56 cm.

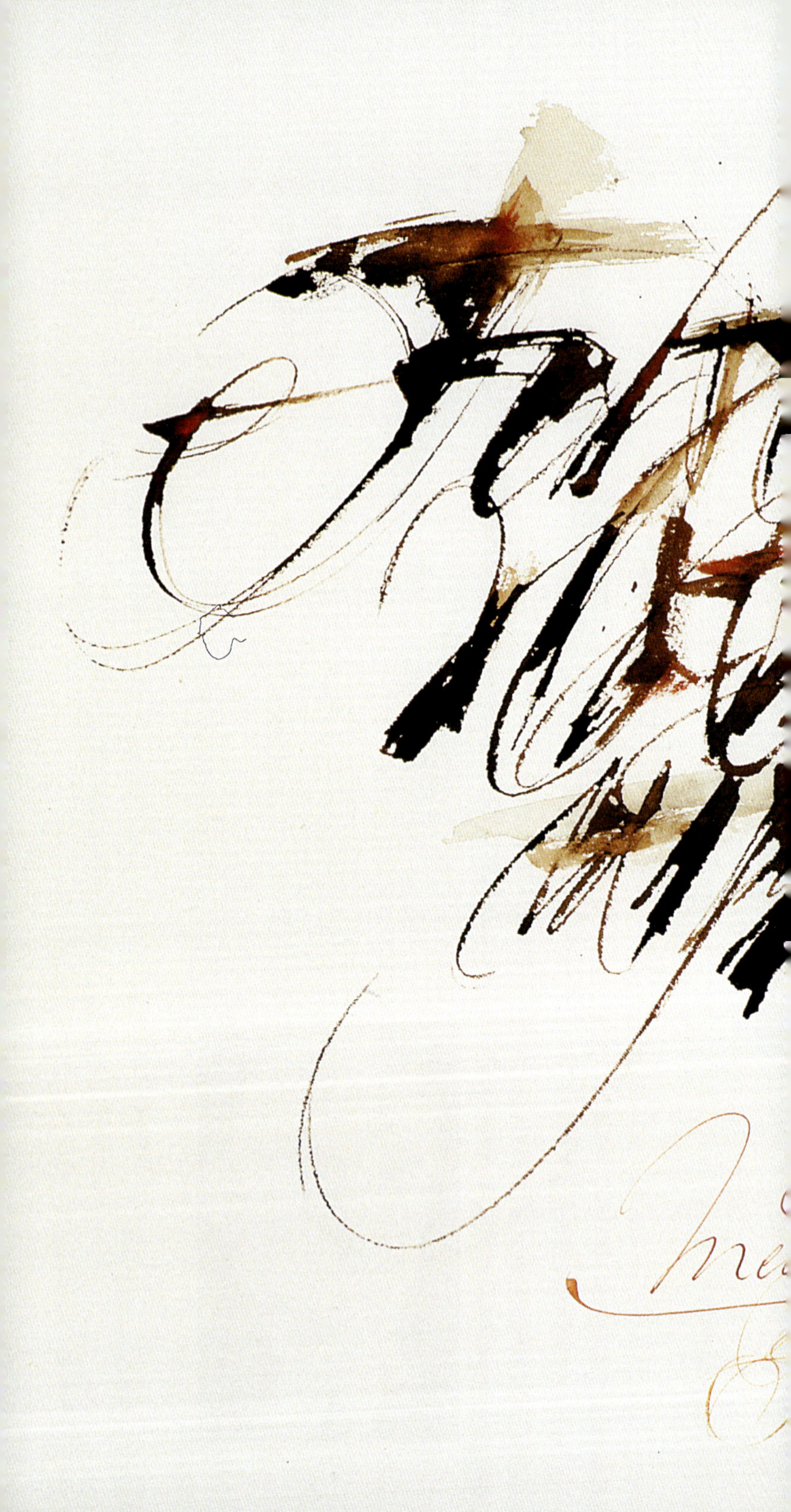

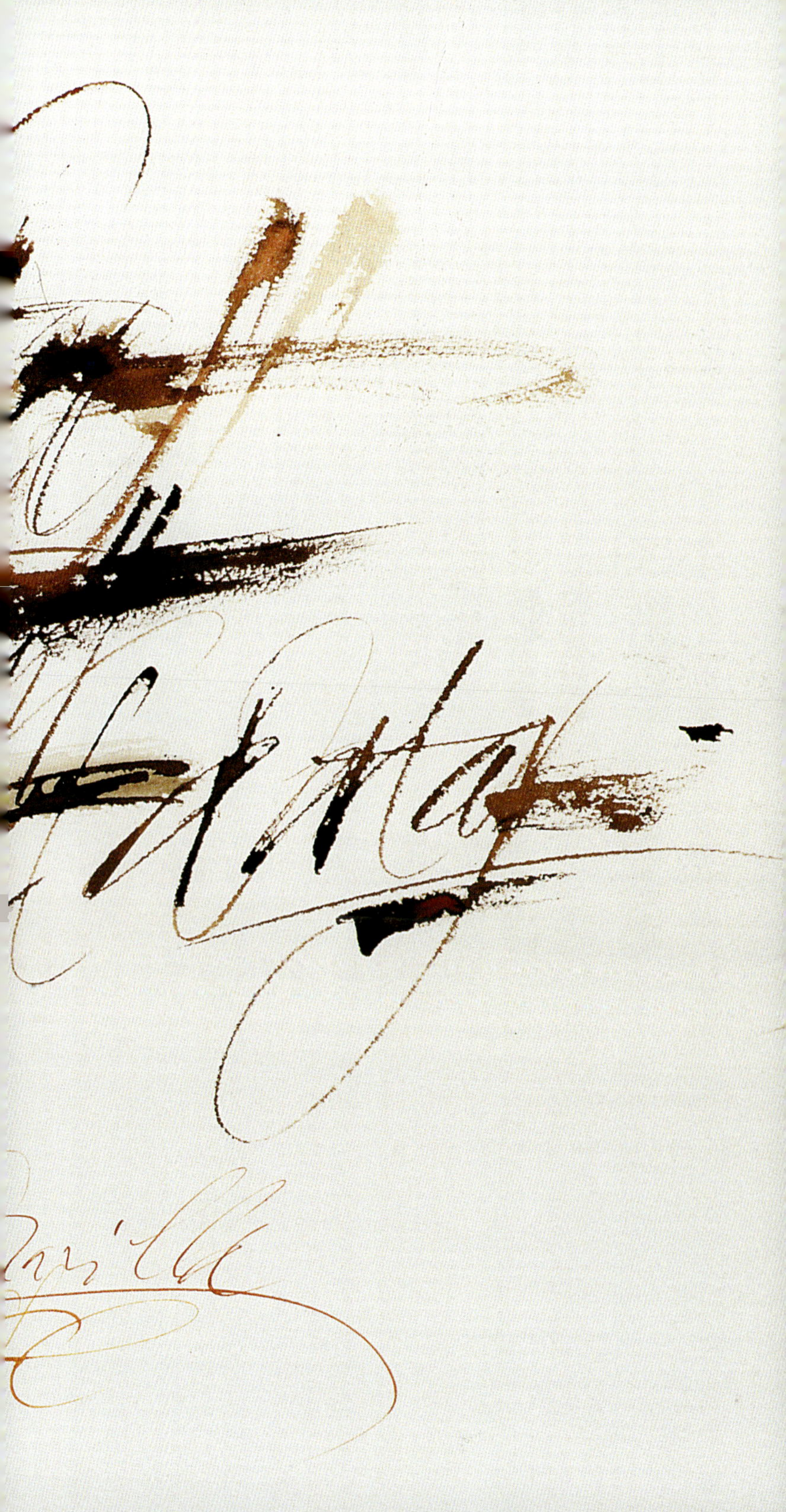

GUIDE PRATIQUE

Comptoir des Écritures
35, rue Quincampoix
75003 Paris
Plumes, encres, livres
Matériel d'Extrême-Orient

Dubois
24, rue Soufflot
75005 Paris
Plumes, papier, pigments

Marie Papier
26, rue Vavin
75006 Paris

Papier Plus
9, rue du Pont Louis-Philippe
75004 Paris

Papier Paris
26, rue Vercingétorix
75014 Paris

Librairie de l'Imprimerie Nationale
47, rue de la Convention
75015 Paris
Collection " Art du livre "

Artcurial
7, rond point des Champs Élysées
75008 Paris
Livres d'art

Librairie Jean Clavreuil
37, rue Saint-André-des-Arts
75006 Paris
Livres anciens

Relma
6, rue Danton
75006 Paris
Parchemin, papiers anciens

Sennelier
3, quai Voltaire
75007 Paris
Papier, pigments, pinceaux, liants, gommes et résines

Librairie Fischbacher
33, rue de Seine
75006 Paris
Livres d'art français et étrangers

Librairie You Feng
45, rue Monsieur-le-Prince
75006 Paris
Spécialiste art chinois
Matériel pour calligraphie

Librairie du Louvre
34, quai du Louvre
75001 Paris

Librairie Picard
82, rue Bonaparte
75006 Paris
Histoire, paléographie

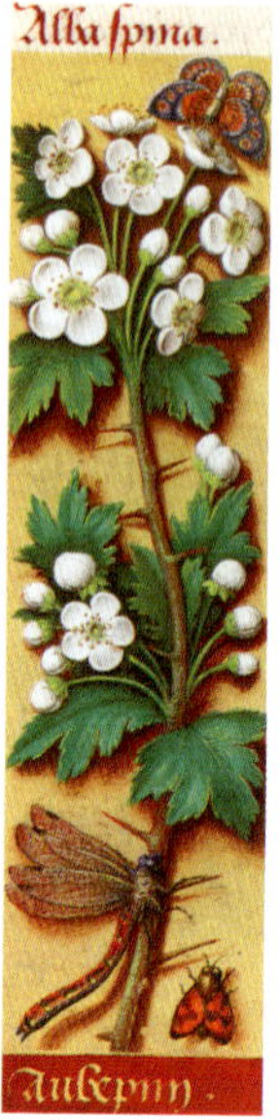

BIBLIOGRAPHIE SÉLECTIVE

Bickham George, *The Universal Penman*, Londres, 1741. Réédité par Dover Publications.

Doblhofer Ernst, *Le Déchiffrement des écritures*, Paris, Arthaud, 1959.

Kapr Albert, *Schriftkunst*, Dresde, WEB Verlag der Kunst, 1971.

Druet Roger et Grégoire Herman, *La Civilisation de l'écriture*, Paris, Fayard et Dessain & Tolra, 1976.

Drogin Marc, *Medieval calligraphy, its history and technique*, Montclair, New Jersey, Allanheld et schram, 1980.

Jackson Donald, *Histoire de l'écriture*, Paris, Denoël, 1982.

Calligraphie, *Les Rencontres internationales de Lure*, Andenne, Belgique, éd. Rémy Magermans, 1984.

Illouz Claire, *Les Sept Trésors du lettré*, Paris, éd. Erec, 1985.

Bischoff Bernhard, *Paléographie de l'Antiquité romaine et du Moyen Âge*, Paris, éd. Picard, 1985.

Jean Georges, *L'Écriture, mémoire des hommes*, Paris, Gallimard, coll. " Découvertes Gallimard ", 1987.

Zapf Hermann, *Hermann Zapf and his design philosophy*, Society of Typographic Arts, Chicago, 1987.

Atkins Kathryn A., *Masters of the Italic Letter*, New York, David R. Godine, 1988.

Andersch Martin, *Traces, signes, lettres*, Paris, Ulysse éditions, 1989.

Mediavilla Claude, *Calligraphie*, Éditions de l'Imprimerie nationale, Paris, 1993.

Harris David, *L'Abc du calligraphe*, Paris, Dessain & Tolra, 1995.

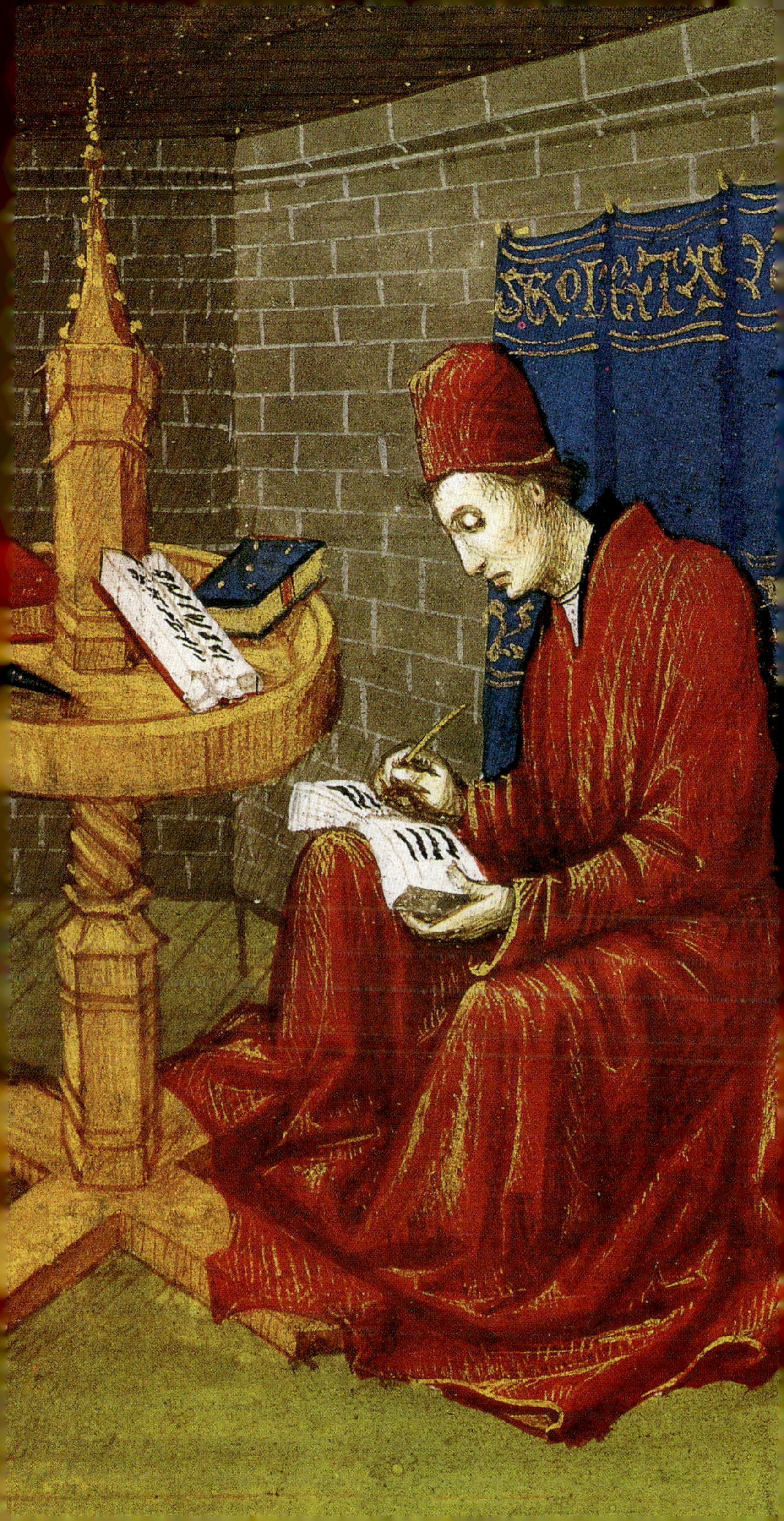

3300 : Premiers documents écrits, découverts sur l'emplacement de l'ancienne Uruk (Sumer), écriture pictographique.

3100 : Écriture hiéroglyphique en Égypte.

2800 : Apparition du cunéiforme primitif (Sumer).

1755 : Le roi Hammourabi dicte son code de lois (premier code connu au monde).

1360 : Tablettes d'argile inscrites en cunéiforme ougaritique. Début de l'idée d'alphabet

1250 : Byblos. Inscription phénicienne classique découverte sur le tombeau du roi Ahiram.

1000 : Création de l'écriture démotique égyptienne.

900 : Emprunt de l'alphabet phénicien par les Grecs.

800 : Les Grecs créent l'alphabet moderne avec la notation intégrale des voyelles.

753 : Fondation de Rome.

700 : Tablettes portant un alphabet étrusque découvertes à Marsiliana d'Albegna.

600 : Texte sur la Pierre noire du Forum à Rome. Constitue la plus ancienne inscription latine connue.

350 : L'orientation vers la droite est adoptée finalement dans l'écriture latine.

300 : Capitale romaine archaïque. Les lettres sont mal alignées sur la portée.

200 : Apparition de l'empattement et alignement plus rigoureux sur la portée de base.

146 : Annexion de la Grèce qui devient province romaine.

58 : Conquête de la Gaule par Jules César.

27 : Auguste, premier empereur romain. L'empattement atteint sa forme classique.

45 : Écriture rustica du Ier siècle.

79 : Pompeï est détruite par l'éruption du Vésuve. Cursive romaine du Ier siècle.

105 : Tsaï-Lun, invente et diffuse le procédé de la fabrication du papier en Chine.

108 : Construction de la colonne Trajane. Capitale Trajane (114) type de Bellis et cursive romaine du IIe siècle.

250 : Type de l'Epitome

313 : La christianisme devient religion d'état dans l'Empire romain. Écriture quadrata du IVe siècle. Cursive romaine du IVe siècle.

390 : Création de l'onciale latine.

395 : Division de l'Empire romain : Empires d'Orient et d'Occident. Rustica du Ve siècle.

476 : Fin de l'Empire romain d'Occident. Semi-onciale primitive du Ve siècle.

509 : Semi-onciale. Écriture mérovingienne, écriture wisigothique.

600 : Semi-onciale irlandaise.

770 : Le type de Maurdramnus, premier spécimen d'écriture caroline primitive.

800 : Exécution probable de l'Évangéliaire de Kells.

830 : Écriture caroline classique.

910 : Fondation de l'Abbaye de Cluny. Caroline tardive.

1070 : Apparition de la gothique primitive dans le royaume anglo-normand. Gothique textura du XIIe siècle.

1150 : Fabrication du papier en Espagne. Textura du XIIIe siècle.

1309 : Le pape Benoît XII s'installe en Avignon. Textura du XIVe siècle. Gothique cursive, Rotunda.

1400 : Apparition de la gothique bâtarde.

1402 : Poggio Bracciolini met au point l'écriture humanistique.

1450 : Gutenberg met au point le procédé typographique.

1470 : Le Romain de Nicolas Jenson dans son ouvrage *La Préparation évangélique*, Venise.

1493 : Fondation de l'imprimerie d'Alde Manuce à Venise.

1522 : Ludovico degli Arrighi publie le premier traité de cancellaresca corsiva, *La Operina.*

1529 : Geofroy Tory publie le *Champfleury.*

1548 : Juan de Yciar publie *Arte subtilissima.*

1574 : Mise au point de la gravure sur cuivre.

1605 : Jan Van den Velde publie *Spieghel der Schrijfkonste.*

1640 : Fondation de l'Imprimerie Royale à Paris, qui deviendra l'Imprimerie Nationale.

1647 : Louis Barbedor publie *Les Escritures financières et italienne bastarde dans leur naturel.*

1650 : Ronde, bâtarde et coulée.

1710 : Apparition de l'Anglaise.

1751 : *La Grande Encyclopédie* de Diderot et d'Alembert.

1798 : Invention de la technique lithographique.

1799 : Découverte de la pierre de Rosette.

1822 : John Mitchell dépose un brevet pour les plumes métalliques.

1880 : Mise au point des procédés photomécaniques.

1906 : L'Anglais Edward Johnston, publie son ouvrage, *Writing, Illuminating and Lettering*, Londres.

1921 : Fondation à Londres de la Society of scribes and illuminators. Rudolf Koch publie *Das Schreiben als Kunstfertiskeit*, Leipzig.

1928 : Futura dessiné par Paul Renner.

1939 : Jean Mallon, Robert Marichal et Charles Perrat publient *L'Écriture latine, de la capitale à la minuscule*, Paris.

1950 : Hermann Zapf, calligraphe et typographe, crée le Palatino, l'Optima et le Melior.

1957 : Création de l'Association typographique internationale par Charles Peignot.

1967 : Fondation du scriptorium de Toulouse.

1970 : Développement aux États-Unis des sociétés calligraphiques.

1976 : Parution de *La Civilisation de l'Écriture*, Paris, Roger Druet.

1987 : Hermann Zapf publie *Hermann Zapf and his design Philosophy*, Chicago.

1998 : Développement des techniques informatiques au service de la calligraphie.

Saint-
John
Perse

I N D E X

Certains des dessins portent le nom de son auteur. Tous les autres dessins (calligraphies, planches, etc...) sont l'œuvre personnelle de Claude Mediavilla que son nom soit mentionné ou non auprès des œuvres, lesquelles ont toutes été créées antérieurement au présent ouvrage.

 Crédits photographiques : BOLOGNE, Bibliotheca dell'Università 77 ; CHANTILLY, Musée Condée 78b ; DIJON, bibliothèque municipale 67 ; PARIS, Pierre Acante 83, Archives Flammarion 36, 63h ; Bibliothèque nationale de France 38, 48b, 64, 66, 68h, 69, 74, 90, 115 ; Jean-Loup Charmet 76, Flammarion/Pierre Ferbos 6, 7, 8, 9, 10, 11, 12-13, 15, 16, 17, 18, 19, 20, 21, 23, 24-25, 26, 33, 34, 36, 37, 40, 41, 42, 43, 44-45, 48h, 50b, 51, 52, 54-55, 56, 57, 58-59, 60, 62, 63b, 68b, 70, 71h, 72, 75, 79, 80-81, 83, 86d, 87, 88, 89, 90, 92-93, 95, 96, 97, 98-99, 102, 104, 105, 106, 108, 109, 111, 112-113 ; Fonds Groslier 27, 30, 39 ; Imprimerie nationale 46, 47, 50h, 73, 78h, 110 ; Archives Claude Mediavilla 28-29, 31, 71h, 72b, 85, 86h ; Réunion des musées nationaux 100-101 ; Droits réservés 53, 86g.

Coordination éditoriale : Sandrine BAILLY
Relecture : Mariane BECKER
Direction artistique : Frédéric CÉLESTIN
Mise en page : Thierry RENARD
Fabrication : Claude BLUMENTAL
Photogravure, Flashage : Pollina s.a., Luçon
Achevé d'imprimer en février 2017 par GPS Group, Slovénie

EAN : 978-2-0801-2688-7

N° d'édition : L01EBUNFA2688.A009
Dépôt légal : octobre 2000.

Imprimé en Slovénie

Pages 4-5 : C. Mediavilla, 1995. Aphorisme de Jorge Luís Borges, calligraphie à la gouache sur papier Canson indigo, 65 x 50 cm.
Page 118 : C. Mediavilla, 1994. Écriture de chancellerie contemporaine. Aquarelle sur papier Hahnemühle, 38 x 48 cm.